冯爱敏——著

职教学生心理研究

PSYCHOLOGICAL RESEARCH OF VOCATIONAL EDUCATION STUDENTS

社会科学文献出版社
SOCIAL SCIENCES ACADEMIC PRESS (CHINA)

前言

在全面建设社会主义现代化国家新征程、向第二个百年奋斗目标进军的背景下，我国的经济基础、社会条件和外部环境等发生了深刻变化，新时代职业教育也面临着许多新变化，亟待与时俱进地调整。党的二十大报告指出：“统筹职业教育、高等教育、继续教育协同创新，推进职普融通、产教融合、科教融汇，优化职业教育类型定位。加强基础学科、新兴学科、交叉学科建设，加快建设中国特色、世界一流的大学和优势学科。”① “我们不断厚植现代化的物质基础，不断夯实人民幸福生活的物质条件，同时大力发展社会主义先进文化，加强理想信念教育，传承中华文明，促进物的全面丰富和人的全面发展。”② 国家对职业教育高度重视，随着职业教育改革的深入发展，素质教育的全面实施，高职院校学生的心理问题越来越受到国家和教育界的广泛重视和深切关注。国家进入新的历史征程，具有新形势和新特点，如何提升高职院校学生心理问题研究的针对性、时效性是摆在广大教育工作者面前的首要任务。

本书依据高职院校学生职业教育的新变化，根据笔者数十年教育心理经验对现代职业教育心理进行研究，将心理学的基本原理应用于职业教育的研究，围绕着职业教育心理学、兴趣心理、需要与动机心理、认知心理、职业教育情绪情感心理、职业教育思维心理、职业教育心理疏导来对职业教育进行研究，提出策略，为促进人的全面发展做出贡献。

---

① 习近平：《高举中国特色社会主义伟大旗帜　为全面建设社会主义现代化国家而团结奋斗——在中国共产党第二十次全国代表大会上的报告》，人民出版社，2022，第34页。

② 习近平：《高举中国特色社会主义伟大旗帜　为全面建设社会主义现代化国家而团结奋斗——在中国共产党第二十次全国代表大会上的报告》，人民出版社，2022，第23页。

通过探索高职院校学生心理活动的规律，从而提升职业教育的科学性和有效性。

因笔者水平有限，一些观点和看法难免存在不足之处，恳请专家、学者和广大教师提出宝贵意见。

目录

第一章　绪论

第一节　研究背景和意义

一　研究背景

我国高职院校职业教育的国家宏观政策背景。2020 年 9 月 16 日教育部等九部门印发《职业教育提质培优行动计划（2020—2023 年）》，标志着我国职业教育进入提质培优、增值赋能新阶段，要加快培养大国工匠。其中，落实立德树人根本任务强调：推动习近平新时代中国特色社会主义思想进教材进课堂进头脑；构建职业教育“三全育人”新格局；创新职业学校职业教育模式。2022 年 4 月 20 日十三届全国人大常委会第三十四次会议表决通过新修订的《职业教育法》第四条规定，“实施职业教育应当弘扬社会主义核心价值观，对受教育者进行思想政治教育和职业道德教育，培育劳模精神、劳动精神、工匠精神，传授科学文化与专业知识，培养技术技能，进行职业指导，全面提高受教育者的素质。”经济的发展，科技的进步，都离不开人才，高素质的技术技能人才，是我国制造业的生力军。

在这样的大背景下，高职院校职业教育工作面临着新的时代要求。首先，高职院校承担着培养德技双馨高素质技术技能人才的任务，对于国家发展目标的实现和人才培养有着重要的作用，是我国经济发展和实现 2035 年远景目标的中流砥柱。其次，高等职业教育占高等教育的半壁江山，“2021 年高职学校招生 557 万人，相当于十年前的 1.8 倍”①。高等职业教

---

① 《十年来，职业教育发生了格局性变化》，中国职业技术教育网，http：//www. chinazy. org/info/1006/11018. htm。

育，承担着为有中国特色的社会主义经济建设提供大量高素质技术技能人才的重任，截至 2021 年 9 月高等职业教育在校生 1603.03 万人。再次，高职院校学生学情发生变化，尤其是当代的高职学生出生于物质丰富、价值取向多元化的时代，他们具有与众不同的特质，因此教育对象是全新而独特的，高职学生人数众多，在生源质量和素质方面具有特殊性。最后，高职院校职业教育工作实效性弱化。

高职院校学情发生变化是最核心的问题，内因是事物变化发展的根本原因，外因是事物变化发展的重要条件，外因通过内因起作用。纷繁复杂的国际环境和国内社会环境变迁是学生变化发展的外在条件，但是究其根本，职业教育的对象是学生，高职学生学情的变化是高职院校职业教育面临的主要问题，也是高职院校职业教育缺乏针对性和实效性本源问题。“00 后”高职学生的学情发生了巨大的变化，与“80 后”“90 后”学生存在很大的差异性。“00 后”高职学生在认知方面呈现四个主要特点：认知水平不齐，认知行为的目的性更加突出，信息接收方式及习惯发生改变，思维趋向平面化、直观化。高职院校学生心理方面的问题影响其认知成长。俞国良等在《心理健康教育：高职院校的认知与评价》一文中调查了解了 14 所高职院校的 14912 名学生，调查结果为：“三分之一的学生心理健康意识和心理健康水平不容乐观”①。高职学生心理方面的问题具体表现在人际交往、寝室关系、师生关系、家庭关系、手机成瘾、适应问题、就业等方面，而上述问题也影响着学生认知成长。

中国特色社会主义新时代背景下高职院校学生学情发生了巨大的变化。国家鼓励职业院校培养具有工匠精神的高素质技术技能人才。高职院校学生在与非职业类本科院校学生进行比较时具有上述特殊性，基于此，高职院校的职业教育工作的难度和重要程度要高于其他非职业类本科院校；在职业教育认知方法、认知策略、优化路径等方面都需要创新。我们应与时俱进地回答教育三问：为谁培养人、培养什么人、怎样培养人，这始终是教育的根本问题。

---

① 俞国良、赵凤青、张宝山：《心理健康教育：高职院校学生的认知与评价》，《职教论坛》2017 年第 22 期。

二　研究意义

（一）理论意义

第一，丰富和扩展了职业教育认知研究的理论体系。从理论上，本书是在马克思主义认识论基础之上，借鉴古今中外的认知思想和理论成果，与时俱进、因人制宜——从新时代高职院校学生职业教育认知特殊性方面展开研究。本书将高职院校学生职业教育认知的内涵及其特点和功能论述作为认知转向的逻辑起点，提出高职院校学生职业教育认知的理论结构，并根据实际问题提出优化路径，为提高高职院校职业教育实效性夯实了理论基础。通过高职院校学生职业教育认知研究，促进职业教育学科体系的完善，既是对认识论发生、发展规律的深刻阐释，又是对高等职业教育研究的深化和拓展。

第二，丰富和扩展了职业教育认知研究的方法体系。本书融合职业教育学、认知心理学、认知神经科学的研究成果，将其方法与自身的实践经验融合运用到高职院校学生职业教育认知研究中。遵循认知规律，在高职学生职业教育认知过程中提出一系列符合学情的认知方法和策略；遵循认知规律提出认识方法体系。数十年来在实际高职教学和管理过程中因人制宜，将认知方法用于实践，又通过实践的总结，改良方法，再次运用到实践，循环往复，反复锤炼，已取得实效，希望能丰富职业教育认知方法。高职院校学生职业教育认知研究在方法的选择上遵循职业教育规律、学生成长规律和认知科学规律，有利于科学化、具体化地对职业教育方法进行丰富和完善。

（二）实践意义

第一，有助于提高高职院校职业教育的科学性、针对性和实效性。本书在高职学生认知调适和认知改变的过程中利用交叉学科成果，例如，认知心理学方法、认知科学理论，有针对性地解决问题；从实践上，高职学生认知的形成过程都是在遵循人的成长规律和认知规律基础上进行的。在高职院校学生职业教育认知研究中，教育主体在了解高职学生认知特点基础上遵循认知规律，有针对性地调整认知方法和策略；高职学生在教育者的引导下进行自我认知，了解自身认知特点，提升自身认知能力；认知过程的有效——职业教育神经认知、心理认知、语言认知、思维认知、文化认知的合规律性；认知结果的有效——认知超越，提升学生认知能力，提升职业教育的实效性，实现知行合一。

第二，有助于促进高职院校学生职业教育认知的知行合一。高职院校学生职业教育认知研究本身就是知行合一的过程，也是理论和实践结合的过程。本书在高职院校职业教育认知过程中，对职业教育中的神经认知、心理认知、语言认知、思维认知、文化认知都进行了应用例析。同时，根据具身认知理论，通过创新课堂教学模式、开展体验活动、开展团队训练，可以实现“知者行之始，行者知之成”。本书有助于高职院校学生职业教育的认知转向，增进师生情感，培养学生的认知能力，形成符合社会要求的思想意识、价值观念和道德规范。

第二节　我国古代关于教育的思想

习近平总书记指出：“构建中国特色哲学社会科学，一是要体现继承性、民族性。要善于融通马克思主义的资源、中华优秀传统文化的资源、国外哲学社会科学的资源，坚持不忘本来、吸收外来、面向未来。”[①]“我们说要坚定中国特色社会主义道路自信、理论自信、制度自信，说到底是要坚定文化自信，文化自信是更基本、更深沉、更持久的力量。”[②] 中国5000年的文化没有断代，在中国传统文化的历久弥新中寻求经验的借鉴。文化最终转变成人们头脑中的价值观念，通过精神和价值观来指导人们形成习惯化的行为方式，文化的核心就是“精神和价值观”。

一　儒家“君子人格”与“知行合一”思想

（一）培养以“仁”为核心的君子人格

第一，以“仁”为核心。孔子的根本思想是“仁”，《论语》里“仁”

① 《习近平关于社会主义文化建设论述摘编》，中央文献出版社，2017，第82页。

② 《习近平谈治国理政》第2卷，外文出版社，2017，第339页。

字出现了109次，从出现的频率上足可见孔子对“仁”的重视。曾子曰：“夫子之道，忠恕而已矣”（《论语·里仁》）。“忠恕”是“仁”的核心。子曰：“孝弟也者，其为仁之本与!”子曰：“弟子入则孝，出则弟，谨而信，泛爱众，而亲仁”（《论语·学而》），说明“孝”是“仁”的来源，从人的关系来说，必先有与父母的关系，继而有与儿女的关系，再者有与兄弟、亲朋的关系等，在父慈子孝的关系下“仁”也就自然而然地产生了。子张问仁于孔子，孔子曰：“能行五者于天下为仁矣。”请问之，曰：“恭、宽、信、敏、惠。恭则不侮，宽则得众，信则人任焉，敏则有功，惠则足以使人”（《论语·阳货》）。孟子发挥了曾子、子思“内省”“外推”的方式，实现了“仁”的向内转向。儒家把仁爱之心推向天地万物，主张推人及物，在爱人的基础上，将爱心进一步向外推展，将心比心，以已推人，将“仁爱”秩序化和外化。“老吾老，以及人之老；幼吾幼，以及人之幼。”孔子站在人类生命自身意义的参悟与把握的高度，让人成为人，在“仁”的基础上，成为有德之人，其追寻真善美的人生理想并践行以德治国的政治思想。郭沫若认为，孔子的“仁”是克己而为人的利他行为。儒家的仁以血亲之爱为逻辑起点又不局限于此，推广为非血亲之爱，四海之内皆兄弟，以形成与他人、社会、自然的和谐共处。

第二，君子人格的培养。君子人格以“仁”作为内在本质，是君子人格的核心，是真善美的统一，“君子务本，本立而道生。孝弟也者，其为仁之本与”（《论语·学而》）。孔子希望通过教育培养一批君子，从而实现“仁”的理想，进而为“仁政”储备人才。在《论语》中关于“君子”的描述出现了107处，足可见其重要程度。君子人格是儒家个体践行使命，并且是其终身的奋斗目标。君子人格的建设，确实为中华民族几千年来培养了“真善美”的君子。君子人格主要体现在：君子怀德、君子不器、君子周而不比、君子坦荡荡、君子成人之美、君子保持中庸、君子有礼、君子知耻、君子浩然之气等。

孔子为培养仁人志士提出了：仁、义、礼、智、信、孝、悌、恭、宽、敏、惠、忠、恕、敬等成为君子的内在要求。孔子注重为国家培养品行好的人才，通过教育来实现自己的政治理想，即“老者安之，朋友信之，少者怀之”（《论语·公冶长》）的社会。儒家八条目“格物、致知、诚意、正心、修身、齐家、治国、平天下”，正是君子的践行之路。《大学》一书之要义，在于以修身为本而明明德于天下：知、意、心为内身，家、国、天下为外身；格、致、诚、正为修身之要目，齐、治、平皆为修身所带动。内、外之身休戚与共，修、齐、治、平一体联动，它们不可割裂，形成了以修身为原点的涡旋式结构。[①] 于述胜认为“格物”是修身的手段，格物的场域是家、国、天下，格物致知为修、齐、治、平的坚实基础。

第三，反求诸己的修行方法。子曰：“君子求诸己，小人求诸人。”“其身正，不令而行；其身不正，虽令不从”，“不能正其身，如正人何?”（《论语·子路》），“君子失乎正鹄，反求诸其身”（《中庸》）。孔子主张内省，不苛求他人，推己及人，“己所不欲，勿施于人”（《论语·颜渊》），自己不愿意做的，不要强加给别人。“见贤思齐焉，见不贤而内自省也”（《论语·里仁》），看到别人的优点就虚心学习，看见德行不好的人，就要反思自己身上有没有这样的错误。孟子也继承和发扬了孔子的思想并推演提出“反求诸己”，这也是儒家一贯的主张。王阳明指出：“省察克治之功则无时而可间”。历朝历代的学者在提高自我修养时都遵循“反求诸己”的原则，自省自克，改过迁善。反求诸己是指：行为没有达到目标，或者别人胜过自己，要从自己身上找原因。反求诸己是一种向内的自省的力量。在先秦混乱与失序的背景下，儒家通过行为规范的践行来实现社会关系的和谐。宋明之后的儒家学者多提倡“静”，通过静来清除心中的杂念，陆九渊、王阳明都通过静来修炼自己以达到至善至诚。

第四，家国天下的终极情怀。“身修而后家齐，家齐而后国治，国治而后天下平”（《礼记·大学》），“修身，齐家，治国，平天下”；孟子说：“天下之本在国，国之本在家，家之本在身”（《孟子·离娄上》）；“一家仁，一国兴仁；一家让，一国兴让；一人贪戾，一国作乱”（《大学》）。王充在《论衡》中指出：“贤君之治国也犹慈父之治家。慈父耐平教明令，耐使子孙皆为孝善。”顾炎武指出：“天下兴亡，匹夫有责。”家国一体在家、族、国的相互关系上，家是国的基础和最小单元，有家才有国，而国是家的集合与延伸。“从己到家，由家到国，由国到天下，是一条通路，中庸里把五伦作为天下之达道，因为在这种社会结构里，从己到天下是一圈圈推

① 于述胜：《通情以达理——〈大学〉“格物致知”本义及其理论价值》，《教育研究》2020年第3期。

出去的。”[①] 我国古代社会是以血亲为基础的社会结构，这个结构中的个人不仅仅代表自己，而且代表着整个家族的延续与荣光；从家推演到国家，这个结构中的个人又担负着国家兴衰的责任，修身齐家治国平天下也一直是历代学者的家国情怀。家国一体的内容主要是孝与忠，在核心价值上是相通的，从而决定了中华民族精神的凝聚，如范仲淹的“先天下之忧而忧，后天下之乐而乐”等，无数的仁人志士具有高度的责任感、牺牲精神与爱国精神，在国家危难之时舍生取义，保家卫国。

（二）“知行合一”的践行

知行合一，孟子认为：“人之所不学而能者，其良能也；所不虑而知者，其良知也”（《孟子·尽心上》）。二程继承了孟子的“良知，良能”，认为：“良知良能，皆无所由，乃出于天，不系于人”（《二先生语二上》，《二程遗书》卷二上）。宋明理学继承了孟子的“良知”，但是王阳明极大地丰富了“良知”的内容。王阳明先生在龙场悟道提出知行合一，体现了儒家的道德践行，是对朱熹思想上的突破，他认为：知者行之始，行者知之成；圣学只一个功夫，知行不可分作两事（《传习录》）。他还认为，真正的知识必能施行，知而不行非真知识。知识是一种手段，而非目的，在王阳明先生看来，知行合一最终的目的是：致良知！王阳明先生认为：“心者，身之主也，而心之虚灵明觉，即所谓本然之良知也”（《传习录中答顾东桥书》）。“吾心之良知，即所谓天理也。致吾心良知之天理于事事物物，则事事物物皆得其理矣”（《传习录中答顾东桥书》）。“夫学、问、思、辨、笃行之功，虽其困勉至于人一己百，而扩充之极，至于尽性知天，亦不过致吾心之良知而已”（《传习录中答顾东桥书》）。王阳明先生认为，良知是每个人都有的，只是人的欲望太多才导致良知被蒙蔽，因此需要学习知识，处理各种问题都具有良知本体；按照良知做事情，符合道德规范，将良善之心，付诸实践，体现了道德自觉与责任担当。

（三）儒家“君子人格”与“知行合一”的思想对高职院校学生职业教育的启示

儒家思想凝结了几千年来的精华，代代相传，深入人们的骨髓，形成

---

① 费孝通：《差序格局》，载《费孝通选集》，天津人民出版社，1988，第100页。

了我国特有的绵延的文明主体。孔子一直寄希望于教育，充分了解学生的智力情况以及天生的差异性，因材施教。孔子很重视“行”，重视在“孝”“弟”“谨”“信”“爱众”方面的践行，他这一生也坚持躬行实践。在思想上通过一以贯之、知行合一来实现自身修行，且内心光明。儒家强调“仁”的重要性，从个人角度回答了我是谁，我的天命是什么，我怎么实现它，从国家层面上来说，体现了一种四海一家的宽广豪迈胸襟。儒家传统文化是通过与天、与地、与他人的差序格局的关系、观念来实现个体的建构，个人是构建在与集体的差序格局关系中，在这样的关系中个体的价值蕴含于整个家族、国家、天下之中。

儒家思想在中国特色社会主义新时代依然绽放光彩，儒家优秀的传统文化是社会主义核心价值观的主要渊源。儒家思想中的思维、价值标准、行为方式、生活方式，有利于高职学生树立正确的世界观、人生观和价值观。培养以“仁”为核心的君子人格，利用“仁爱”思想处理人与人之间的关系，运用反求诸己的修行方法实现自我认知，有利于高职学生塑造健全的人格，有利于营造和谐的教育环境；家国天下的终极情怀对于提升高职学生的民族自尊心、自信心、自豪感具有积极作用；“一以贯之”与“知行合一”的认知践行，为职业教育认知处理“知”与“行”的关系指明了方向，实现知行合一为学生职业教育认知提供了践行的模式。儒家优秀的传统文化对本书的研究具有重要的借鉴意义。

二　道家“道法自然”与“上善若水”思想

（一）“道法自然”思想

道是老子思想体系的核心，认为道产生万物，其理论深邃而辽远。道可道，非常道；名可名，非常名。无，名天地之始；有，名万物之母（《老子》第一章）。道是宇宙的本源，是万物的根据与归宿。人法地，地法天，天法“道”，“道”法自然（《老子》第二十五章）。道遵循自然规律，因此宇宙间的万物、人类社会的万事都要符合规律；要遵循道来处理人与自然、人与自己、人与人、人与社会的关系。在老子看来，人生需要见素抱朴，少私寡欲，知足知止，不过分地追求物质，“五色令人目盲；五音令人耳聋；五味令人口爽；驰骋围猎，令人心发狂；难得之货，令人行妨。是以圣人为腹不为目，故去彼取此”（《道德经》第十二章）。过分地满足于物欲，对自己是有伤害的。

（二）“上善若水”思想

老子说：“上善若水。水善利万物而不争，处众人之所恶，故几于道。居善地，心善渊，与善仁，言善信，政善治，事善能，动善时。夫唯不争，故无尤”（《道德经》第八章）。像水一样滋养万物、不求回报、明明知道自己强大却内心柔弱不争，甘于处下，这样的品格接近于道。凡是强大的事物处于下降衰弱之势，柔弱处于上升发展之势，“以其不争，故天下莫能与之争”（《道德经》第六十六章）。庄子认为：“水之性，不杂则清，莫动则平，郁闭而不流，亦不能清，天德之象也”（《庄子·刻意》）。做人如水，是老子、庄子的处世哲学，道家要求人们像水一样良善，处低位，与人和谐相处，却也铁骨铮铮，蓄势待发。

（三）道家“道法自然”与“上善若水”思想对高职院校学生职业教育的启示

随着我国物质生活水平的提高，高职院校学生价值观尚未成熟，容易受到社会上消费主义的影响，如拜金主义、享乐主义、个人主义等，追求炫耀，透支消费。自我价值包括物质层面和精神层面，在精神层面的积极进取才能实现自我的突破，不为外物所役，回归自然的心性，实现自身的平衡，把注意力放在认知方面。

道之尊，德之贵，夫莫之命而常自然。对德的培育，也是道家所提倡的，但是区别于儒家，道家的“德”是以“道”为根本，蓄养万物，自然而然的玄德。运用道家思想，在立德树人的“知、情、意、信、行”方面达到润物无声的境界。当代的高职学生需要构建精神的家园，培养健全的人格，提高文化认知层次，从而实现行为的向真、向善、向美。

三　中国古代其他教育思想

在中国古代，除了儒家与道家的教育认知思想外，还有一些其他的流派。法家和墨家都在不同程度上影响了古代中国的教育。

（一）法家教育思想

法家是中国古代的一种政治哲学，主张严格的法治、统治和社会秩序。法家的代表人物有商鞅、韩非子等。法家认为，国家的稳定和繁荣依赖于法律和秩序的完善，强调统治者应该通过制定和实施法律来规范社会行为。法家思想对古代中国的政治制度产生了重要影响，尤其是在秦朝和汉朝。法家的教育认知思想强调实用主义和功利主义，认为知识和学习应该以提高国家的实力和民众的生活水平为目标。法家主张严格的律令制度，以确保国家的稳定和秩序。他们强调权力和法律的重要性，认为道德和伦理只是一种手段，而非终极目标。

（二）墨家教育思想

墨家是中国古代另一种具有影响力的哲学流派，其创始人墨子提倡兼爱、非攻和节俭等观念。墨家强调道德和伦理，认为人类应该互相关爱和帮助，摒弃战争和暴力，倡导节俭和简朴的生活方式。

墨家的教育认知思想认为，知识和学习的目的是提高个人的职业道德，实现社会和谐与共同富裕。墨家教育强调道德教育和实践，认为人类应该通过学习和实践来提高道德素养。墨家的教育观念对后世产生了一定的影响，特别是在道德教育方面。

（三）名家教育思想

名家是中国古代一个重要的哲学流派，以辩论和逻辑为主要特点。名家的代表人物有公孙龙、惠子等。名家认为，名实的辨析和逻辑推理至关重要，这些技巧有助于辨别是非和解决纷争。

名家的教育认知思想强调辩证和逻辑思考，认为知识和学习应该以培养清晰的思维能力和严密的逻辑推理能力为目标。名家教育鼓励学生积极参与辩论和讨论，以锻炼其辩证思考和批判性思维能力。名家的教育观念对后世辩证法的发展产生了积极的影响。

（四）阴阳家教育思想

阴阳家是中国古代一种关注宇宙自然规律的哲学流派，认为阴阳二气是构成宇宙万物的基本原理。阴阳家的代表人物有鬼谷子、徐福等。阴阳家强调观察自然现象、寻找规律，并将其应用于人类社会的治理和生活。

阴阳家的教育认知思想注重观察和实践，认为知识和学习应该以理解自然规律和探求真理为目标。阴阳家教育鼓励学生通过观察和实验来学习自然现象，培养其科学探索和实证研究的能力。阴阳家的教育观念为后世自然科学的发展奠定了基础。

综上所述，古代中国的教育认知思想丰富多样，涵盖了儒家、道家、法家、墨家、名家、阴阳家等多个流派。这些流派各自强调不同的教育目标和方法，共同促进了古代中国教育事业的繁荣和发展。

第三节　西方关于教育心理的理论借鉴

1956 年 9 月 10 至 12 日，于美国麻省理工学院，在绝大多数学者达成共识的“信息加工”理论的框架和概念下来研究人的精神与行为。与会者有 G. 米勒（G. Miller）、C. 申农（C. Shannon）、赫伯特·亚历山大·西蒙（Herbert Alexander Simon）等。讨论的内容涉及信息论、控制论、实验心理学、理论语言学等方面，此次会议讨论了共同关心的认知问题，米勒认为认知科学诞生于 1956 年 9 月 11 日。“认知科学是研究人类认知过程及其规律的新兴学科，涉及学习、记忆、思维、理解等人类认知行为，重点关注脑、神经、语言、心理和文化，试图通过构建人工神经网络系统来破解人类的心智奥秘”①，包括哲学、神经科学、心理学、语言学、计算机科学、人类学六门学科的支撑。

第一代认知科学研究者们更关注“计算思维”和“信息加工”，计算机被用于“心智”和“智能”研究，用计算机模拟人的行为。其取向主要有：符号计算主义、联结主义和生态主义。符号计算主义，以计算机为类比，通过符号来建立心理模式，进行计算机模拟；联结主义，以人脑的神经系统为比喻，通过神经网络来建立心理模式，“其核心概念是‘并行分布式信息处理’；其特征是自下而上的内在并行性、分布式信息存储、容错性以及

---

① 姜虹：《认知科学的兴起及其发展路径》，《学术交流》2009 年第 9 期。

自适应性等"[①]；生态主义，主张在现实环境中来研究人的心理，但是生态主义的指导意义大于实际意义。由于受到笛卡儿二元论的影响，"心"和"身体"是分离的，尽管笛卡儿二元论是在宗教神学背景下提出的，但是在一段时间内笛卡儿的二元论还是心理学家基于研究的立场，因此第一代认知科学是一种离身认知或者说是无身认知。

第二代认知科学更关注身体对认知的影响——具身认知。其取向主要有：情境认知、具身认知、建构主义。情境认知兴起于20世纪70年代末期，是无身认知与具身认知的过渡阶段。20世纪90年代具身认知成了第二代认知科学的核心。哲学学者认为，具身认知对认知科学的研究建议主要有四个方面：人工智能的身体模式识别、神经具身研究、技能学习的身体性、社会性与身体性。[②]

第三代认知科学更关注"脑"，其取向是以"脑与认知"[③] 为核心的认知研究。脑与认知的研究最主要体现在国家参与，2013年、2014年，欧盟、美国等先后开启"脑计划"。2013年4月2日，美国时任总统奥巴马宣布启动"创新性神经技术大脑研究"计划，总研究资金高达60亿美元；2013年欧盟推出了由26个国家的135个合作机构参与、预期10年的"人类脑计划"，投入13亿欧元（约合14.69亿美元），最终目标为实现人工智能；2015年10月24日"中国脑计划"开始实施。由于世界上各个国家对于大脑研究的介入，有些国家已取得了阶段性研究成果，也就意味着有更多的脑科学知识可以应用于指导实践。

从认知科学的元年1956年开始至今，认知科学经过60余年的发展，已经取得了丰硕的成果。笔者对其思想做慎重的归纳总结，用于解决当下的高职学生职业教育认知方面的实际问题，本书具体从四个方面来借鉴：信息加工理论、具身认知理论、建构主义理论、认知神经科学理论。

---

① 孟伟、唐明贵：《自然辩证法概论：专题讲义》，东南大学出版社，2017，第23页。

② 徐献军：《具身认知论——现象学在认知科学研究范式转型中的作用》，浙江大学，博士学位论文，2007。

③ 李曼丽等：《从认知科学到学习科学：过去、现状与未来》，《清华大学教育研究》2018年第8期。

一　信息加工理论

1969年，赫伯特·亚历山大·西蒙在他的康普顿演讲——《人工科学》中，以及后来他与纽厄尔（Newell）合著的《人类问题解决》中认为计算机和人脑都应视为“符号系统”，即信息的输入、编码、加工和存储的系统。信息加工系统由环境、接收器、效应器、加工器、记忆组成。美国的心理学家托马斯·哈代·黎黑（Thomas Hardy Leahey）认为信息加工系统是研究人如何接受、编码、操作、提取和利用信息的加工模式。信息加工理论认为，认知过程以计算机的工作过程为隐喻，计算机的结构与人脑的结构有很大的差异，但二者的工作机制是相似的，人类信息加工具体流程如图1-1所示。信息加工方式分为两种：一种是形式加工；另一种是语义加工，语义加工可以与已有的知识、联想、想象联系在一起，从而使记忆相对牢固。人脑通过感觉器官从外界获取信息，经过大脑的加工，工作记忆转变为长时记忆等心理活动，最终影响行为决策。

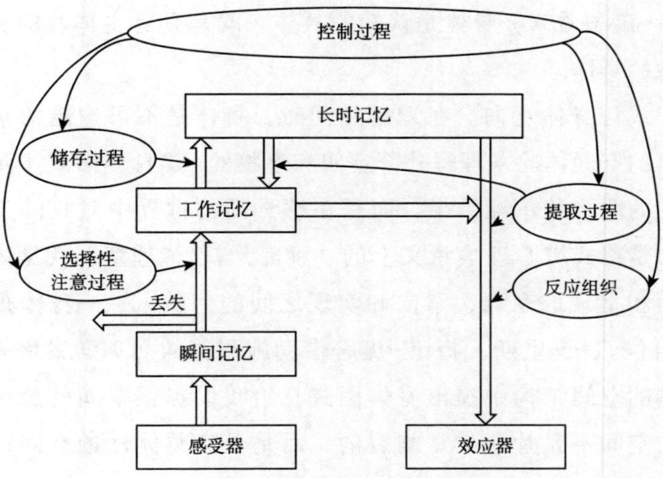

图1-1　人类信息加工具体流程

二　具身认知理论

认知过程是身体参与的，认知依赖于身体，和身体密切联系而不能分开，因此，认知过程是具身的认知。这种研究取向强调身体影响认知过程，弗朗西斯科·J. 瓦雷拉等认为这种研究关心的问题是：认知和身体的关系，以及身体因素对认知过程的影响等。代表人物有莫里斯·梅洛-庞蒂（Maurice Merleau-Ponty）和 M. 威尔逊（M. Wilson）。

（一）莫里斯·梅洛-庞蒂的具身现象思想

莫里斯·梅洛-庞蒂认为身体、知觉和客观世界都是统一的，人是通过身体与客观世界的作用来认识世界的。莫里斯·梅洛-庞蒂认为人类认知始于“我能”，“我能”是因为“我”是身体的主体，一个与世界同在的“身体”。他在《知觉现象学》一书中提出：物体的身体、身体图式、身体意向、表达的身体等概念。

作为物体的身体。“灵魂和身体在行为中的结合，从生物存在到个人存在、从自然世界到文化世界的升华，由于我们体验的时间结构，既是可能的，也是不稳定的。”① 莫里斯·梅洛-庞蒂阐明我们一生都在用我们的身体感知、理解、认识世界，且“身体是我们拥有一个世界的一般方式。”在莫里斯·梅洛-庞蒂看来，身体是认知的身体，既是具有主体性的身体，也是具有客体性的身体。

身体图式与身体意向。在理解空间时，身体是不可逾越的，我们是通过自身身体的空间体验来理解外部空间和事物的。“身体图式不再是在体验过程中建立的联合的单纯结果，而是在感觉间的世界中对我的身体姿态的整体觉悟，是格式塔心理学意义上的一种完形。”“理解，就是体验到我们指向的东西和呈现的东西，意向和实现之间的一致，——身体则是我们在世界中的定位。”莫里斯·梅洛-庞蒂借助施耐德的病理学案例来分析，并在描述身体的空间结构中提出身体图式，给我们提供空间的思维。他认为我们生活的空间不是片段的、割裂的，而是具有整体性的空间，进而通过身体图式来探讨其与自然世界和文化世界之间的关系。

表达的身体。“人们没有看到，身体为了表现这种能力最终应成为它向我们表达的思想和意向。是身体在表现，是身体在说话。”② “身体把某种运

① 〔法〕莫里斯·梅洛-庞蒂：《知觉现象学》，姜志辉译，商务印书馆，2001，第 265 页。
② 〔法〕莫里斯·梅洛-庞蒂：《知觉现象学》，姜志辉译，商务印书馆，2001，第 265 页。

动本质转变为声音，把一个词语的发音方式展开在有声现象中，把身体重新摆出的以前的姿态展开在整个过去中，把一种运动的意向投射在实际的动作中，因为身体是一种自然表达的能力。”[①] 身体通过语言表达某种意义，美感的表达，艺术的表达，思想的表达，都是身体的投射和传递。

在认知过程中，情境、时间、空间、运动、语言、思维、身体都起着不容忽视的作用。思维的产生也依赖于“身体”，是建构、理解、认识世界的方式，而每一个人的思维都有差异性，因为大脑、身体、环境都具有差异。

（二）威尔逊的具身认知观点

M. 威尔逊在《具身认知的六个观点》中指出：认知是情境的；认知活动具有时间压力；我们把认知工作放到环境中去；环境是认知系统的一部分；认知是能够指导行为的；离线的认知是基于身体的。认知是在大脑、身体、环境三者的相互交织、相互作用、相互平衡的系统运动中产生的。

三 建构主义理论

建构主义认为，知识是建构性的，重视知识、经验和观念；个体通过自己已有的知识和经验来理解世界，主动进行知识的建构；教育者通过积极努力地创设情境，“以学生为中心”，引导学生建立自己的知识结构。结构也是主客体交互作用的结果，而且是从低级到高级的动态平衡过程。建构主义理论的代表人物有皮亚杰（Piaget）、维果茨基（Lev Vygotsky）和布鲁纳（Bruner）。

（一）皮亚杰的发生认识论

皮亚杰创建了发生认识论，皮亚杰根据生物学理论，将其迁移到认知领域，提出了认知结构概念和认知过程：同化、顺应、平衡。建构是将新知识纳入自己的认知结构中，并且与结构的其他部分相互交融，这是同化的过程；当新知识与认知结构不相符的时候，认知结构会调整适应，从而实现知识的融合，这是顺应的过程。即认知结构经历同化或者顺应、平衡

---

① 〔法〕莫里斯·梅洛-庞蒂：《知觉现象学》，姜志辉译，商务印书馆，2001，第265页。

与适应这个动态发展的过程，是由平衡到不平衡再到平衡的过程。同化就是把外界元素整合于一个机体正在形成中或完全形成的结构内。① 我们把同化性的格式或结构受到它所同化的元素的影响而发生的改变称为顺化（或顺应）。② 结构是一个由种种转换规律组成的体系。③ 在认识上的适应，也如生物学反面的对应物一样，是由同化和顺应之间的一种平衡所组成。④

在皮亚杰在《结构主义》中论述，结构具有三个特征：整体性、转换性和自我调整性。结构是一个体系，这个体系的组成部分是服从某种规律的，组成部分联结为整体，并且是有边界和可以形式化的；结构由部分到组成整体是按照某种规律来构建的，由于转换性的存在结构得以发展，并且呈现螺旋上升的发展；由于结构的守恒性和相对的封闭性，当结构去平衡的时候，就需要自我调整、重组与改造，进而实现平衡，即“平衡—不平衡—新的平衡”，循环往复，螺旋上升。

（二）维果茨基的心理发展理论

维果茨基所创建的建构主义的文化历史理论于20世纪70年代末期传到美国后，直接影响了建构主义的社会建构主义学说。维果茨基的理论概括为高级心理机能、工具理论、活动与内化、社会建构主义理论。

高级心理机能。维果茨基认为心理机能有两种：低级心理机能和高级心理机能。低级心理机能包括感觉、知觉、不随意注意、形象记忆、情绪、冲动性意志、直观的动作性思维等；而高级心理机能，包括观察（有目的的知觉）、随意注意、词的逻辑记忆、抽象思维、高级情感、预见性意志等。⑤ 低级心理机能具有类动物性，是人类自然发展的结果，并受到生物学规律支配，具有自然性。而高级心理机能是人类所特有的，在人际交往和社会活动中产生，其工具是语言和符号，是人类社会文化发展的结果，是受社会规律制约的，具有社会性。

工具理论。在维果茨基看来：“工具分为物质生产工具和精神生产工

---

① 左任侠、李其维主编《皮亚杰发生认识论文集》，华东师范大学出版社，1991，第8页。
② 左任侠、李其维主编《皮亚杰发生认识论文集》，华东师范大学出版社，1991，第9页。
③ 〔瑞士〕皮亚杰：《结构主义》，倪连生、王琳译，商务印书馆，1984，第2页。
④ 左任侠、李其维主编《皮亚杰发生认识论文集》，华东师范大学出版社，1991，第10页。
⑤ 黄秀兰：《维果茨基心理学思想精要》，广东教育出版社，2014，第36页。

具。物质生产工具，诸如，锄头、镰刀、收割机等，通过物质生产工具，人类提高了物质生产能力，改变物质世界；精神生产工具，如同物质生产改变物质世界一样，改变精神世界。在高级结构中对全部过程具有决定作用的机能整体或核心乃是记号及其使用。”① 这里的记号可以理解为符号、文字、语言，精神生产工具的复杂程度，决定了高级心理机能的结构。心理工具是从外部由指向社会交往者而转向内部，作用于自己内部的心理过程，从而也就实现了个体对自己心理过程的掌控。

活动与内化。活动与内化反映了个体的认知发展，维果茨基假设：人的心理过程变化与他的实践活动的变化是同样的。意识与活动具有统一性，人的高级心理机能不是个体自发产生的，而是个体在社会实践和社会交往中产生的，也即活动对高级心理机能的产生很重要。外部的活动通过无数次的重复、变化，以至于形成了自动化过程，也就内部化为智力的过程。

社会建构主义理论。该理论强调社会活动对于认知的作用，知识是源于社会的意义构建。在社会情境中学习者依据自身的经验进行知识的建构并结合社会互动、与他人合作交流。基于此，合作教学思想、支架式教学、情景教学等模式在实际的教学过程中能够产生影响。

（三）布鲁纳的认知结构学习理论

布鲁纳是美国的认知心理学家，曾经和米勒于 1960 年在哈佛大学建立了认知研究中心。布鲁纳在其著作中提出：结构主义教育观、学习动机理论和文化主义教育观等。

结构主义教育观。布鲁纳重视学科的基本结构，也就是各种基本的概念和原理，以及它们之间的联系。“掌握事物的结构，就是以允许许多别的东西与它有意义地联系起来的方式去理解它。简单地说，学习结构就是学习事物是怎样相互联系的。”② 布鲁纳认为：学习首要的目的是促使知识在将来能够为我们服务，这就涉及两个迁移，训练的特殊迁移（技术）与原理和态度的迁移。领会基本原理和观念能更好地理解学科，同时也是通向

① 《维果茨基全集（第 2 卷）：高级心理机能的社会起源理论》，安徽教育出版社，2016，第 138 页。

② 〔美〕布鲁纳：《教育过程》，邵瑞珍译，上海人民出版社，1973，第 5 页。

训练的特殊迁移的途径。

学习动机理论。学习动机可以分为外在动机和内在动机。布鲁纳把内在动机区分为四种，即好奇心、胜任力、自居作用和互易性。[①] 布鲁纳通过小白鼠走迷津和学习动机实验，得出的结论是：高的内在动机不利于学习效果的提升，内在动机过高还会影响已经掌握原理作用的发挥，反而适中的动机学习效果似乎好些。

文化主义教育观。文化、心灵与教育是布鲁纳文化主义教育观的重要概念。文化提供了工具，使我们能够以可沟通的方式来组织与了解我们的世界。[②] 心灵原是你所用的手和工具的延伸，也是你用它们来做的工作之延伸。[③] 教育必须被理解为这样一种工作：协助年轻人学会使用那些意义生成和现实建构的工具，以使他们更能适应他们所身处的世界，以及在过程中协助他们使之发生必要的改变。[④] 布鲁纳认为教育是文化和心灵的中介，布鲁纳还提出了关于限制、建构论、互动、外化、工具论、体制、身份认同与叙事法等方面的观点。

四　认知神经科学理论

认知神经科学诞生于 20 世纪 70 年代，以“认知”为核心，来理解大脑的功能和心智，距今有约 50 年的历史。20 世纪 80 年代随着事件相关电位（ERP）、正电子发射型计算机断层显像（PET）、核磁共振成像（NMRI）、经颅磁刺激技术（TMS）的应用，我们看到了大脑的认知活动及认知的动态加工过程。数以万计的科学家在认知神经科学感觉和知觉、学习与记忆、情绪、语言、注意与意识、知识的建构与表征、认识控制、社会认知等方面开展研究，并取得了诸多惊人的成果。“人类的认知活动，是脑神经细胞通过人的眼睛和耳朵等器官感受到的文字、声音而形成的条件

① 张爱卿：《放射智慧之光——布鲁纳的认知与教育心理学》，湖北教育出版社，2000，第 88 页。

② 〔美〕杰罗姆·布鲁纳：《布鲁纳教育文化观》，宋文里、黄小鹏译，首都师范大学出版社，2011，第 102 页。

③ 〔美〕杰罗姆·布鲁纳：《布鲁纳教育文化观》，宋文里、黄小鹏译，首都师范大学出版社，2011，第 297 页。

④ 〔美〕杰罗姆·布鲁纳：《布鲁纳教育文化观》，宋文里、黄小鹏译，首都师范大学出版社，2011，第 120 页。

反射和神经联系，是脑的分析、综合活动的结果，是脑机理产生的结果。”[①]近些年，随着各个国家对脑研究的深入，诸多研究成果可以应用到教学领域中，从而有益于学生的认知成长。

人工智能是多数国家参与脑计划研究的目标之一。人工智能具有大数据和精确的计算优势，其不知疲倦，记忆准确且有条理，遵守程序规则且有系统性，可以替代技术性劳动。在脑科学和人工智能快速发展的时代，可以预见的未来是，人工智能会取代一些传统的技术职业：生产线工人、会计、银行职员、电话客服、仓库管理员、外语翻译等。高等职业教育的目标正是培养高素质技术技能人才，因此高等职业教育的目标不仅仅在于当下培养大国工匠，还要考虑高职学生远期适应社会能力的培养，其中认知能力是非常重要的能力。

基于以上论述，高职院校职业教育过程中的学生心理研究应时、应运而生。高职学生职业教育认知具有特殊性：认知水平不齐，认知行为的目的性更加突出，信息接收方式及习惯发生改变，思维趋向平面化、直观化。对于此完全可以充分地运用三代认知科学的理论成果，教育者用可操作性较强的方式帮助高职学生建立认知结构，形成良好的认知习惯，掌握认知方法，理顺认知情感，培养认知的信心、责任感和毅力，形成符合时代要求的价值观和信念，并付诸实践。

① 徐文怀、孔凡德、汝斌编著《信息化学习能力开发导论》，东北师范大学出版社，2020，第160页。

第二章　职业教育心理基本概念及其内涵

第一节　职业教育心理学导论

职业教育心理学是研究职业教育情境中所发生的心理现象及其规律的科学。它是心理学的一个分支，属于应用心理学。

教育是人类社会特有的现象，是培养新生一代的一种社会实践。职业教育是教育的重要组成部分，社会主义职业学校的任务是要用工人阶级的、马克思主义的世界观和科学理论，培养学生成为有理想、有道德、有文化、有纪律的，德、智、体诸方面全面发展的劳动者。

职业教育的内容和形式与普通教育相比有共性之处，也有自己的特殊性，主要体现在以下四个方面。

一　职业性

进入职业学校的学生都已选择了自己未来的职业。学生在校学习主要是为将来更好地就业做准备。学校在教育过程中重视培养学生具有良好的职业道德、职业意识、职业纪律、职业习惯，以及忠于职守的敬业精神。要让学生掌握实用的知识和技能、技巧，成为各类社会职业所需要的实用人才，因此学校的教学计划、教学过程、教学方法、教学组织、生产实习和教学实习等都与社会职业需要以及学生将来的职业活动紧密相连。

二　实践性

职业学校教学十分重视理论联系实际，要求教师在教学过程中用科学知识和实践技能去充实学生，联系学生实际，联系专业实际，使书本知识转化为技能、技巧。同时要求学生理论联系实际，做到学用一致，学以致用，使学生获得比较完整的知识和技能。理论联系实际就是做到在职业活动实践中培养学生以知识为中介分析问题和解决问题的能力。

三 实用性

职业学校要培养出活跃在生产第一线的，既能动脑又能动手的中级技术人才，这种要求反映到教学中要十分重视技能、技巧的培养。从职业学校的教学计划中可以看出，技能培训占整个教学时数的比例是相当高的，最多达到1∶1（理论课与技能训练课课时比）。实用性要求学生熟练掌握职业所需要的技能、技巧和新技术、新工艺，让学生有更多时间参加生产实习，缩短就业上岗的“潜伏期”。

四 开放性

职业教育已打破单纯的课堂教学形式，学生在学习期间尽量利用自己的知识和技能参加社会服务，投身到社会实践中去，学生通过“产学结合”到工厂、农场，在实际工作岗位上边实践、边学习，在实践中向工人学技术，学习他们的优良品质。培养学生形成良好的职业品德和职业纪律。

职业教育的情境和特点制约着学生的心理活动，同时学生接受这种情境，主动地、有目的地进行认知、情感、行为的学习。职业教育心理学就是要揭示职业教育情境中学和教的心理过程的规律。

职业教育心理学作为一门学科，在明确自己的研究对象的同时，在职业教育实践中有自己应承担的任务。其为应用性科学，是将心理学的知识和原理在职业教育中运用，解释、说明和预测职业教育中的心理现象发生、发展的状况和规律，从而达到调控心理状况的目的，这里的“调控”主要是积极引导学生朝着教育目标规定的方向变化。

职业教育是一种极其复杂的社会实践活动，它需要许多科学为它服务，就心理学而言，它与普通心理学、儿童心理学、学习理论、人格心理、工程心理学、心理卫生等都有着密切的联系，因此职业教育心理学把心理学中的各种理论结合起来以解释职业教育中的各种问题，为职业教育实践提供心理学依据，这是职业教育心理学的主要任务之一。

从目前来说，职业教育心理学还没有形成一个统一的理论，职业教育心理学今后一个重要的任务是发展理论，不仅是把已有的各种心理学理论运用到这个领域，而且要建立一个比较全面的关于职业教育心理学的理论，这个理论能解释该领域中的各种主要问题，并能促使人们进一步去探索职业教育心理学与职业教育之间的复杂关系，更好地为职业教育服务。

第二节 职业教育兴趣心理

“兴趣是最好的老师”，只有浓厚的兴趣才会是学生学习的不懈动力。在新的教育形势下，激发学生的学习兴趣，让学生喜欢学习、主动学习，显得十分重要。因此，关注学生学习兴趣的培养以及自学能力的培养，是教学的重要目的。只有这样，才能促进学生全面综合的发展。

一 融洽的师生关系是激发学习兴趣的基础

职业教育中常常出现这样的现象：学生喜欢这位老师时，学习成绩相对较好，进步也快，而不喜欢这位老师时，成绩就会出现后退的情况。可见，教师在学生心理上的影响有多大。只有和谐、友好的师生关系才有利于形成宽松愉悦的教学氛围，才有助于学生亲近老师，积极与老师沟通，有助于教学的顺利进行。因此，教师需要与他的学生做朋友，关爱他们，与学生建立亲密平等、相互信任的关系。学生自制力差，只有喜欢教师，才会自觉地听从教师安排，对教师的教学内容感兴趣。若反之，学生只会成为教室中的“破坏分子”，不仅反感教师，而且厌学。面对职业教学，教师应关注每一位学生的优点，适时鼓励和肯定，应遵循多表扬少批评的原则，为学生树立榜样，带动学生良性竞争，积极向上。而对于需要批评教育的行为，教师也应注意保护学生的自尊心。事实证明，高职学生对事物的认知多来自情感，学生有没有学习兴趣，在很大程度上取决于心理上对教师的认可程度，只有师生关系和谐，才能达到“润物细无声”的境界，促使学生潜移默化地完成对知识的消化吸收。因此，高职教师的语言要亲切，对待自己的学生要充满感情，鼓励他们、信任他们，引导他们自主学习、热爱学习。

二 质疑问难是激发学生学习兴趣的起点

在高职院校教学中，引导学生思考才有助于培养学生的自学能力和学习兴趣。思考的前提是疑问，从这个层面上说，质疑是激发学生产生学习兴趣的起点。在职业教育教学中，教师应适时培养学生的质疑意识，鼓励学生自己去探索和发现问题的答案。语文教材中的课文具有一定的内涵和外延。教师在引导学生分析课文时，应鼓励学生思考，还有哪些相关信息没有明确，与其他课文相比，还可以讨论哪些相关信息，充分激发学生的想象力，引导学生积极发表自己的观点。只要有效地引导学生思考，鼓励学生积极讨论，一定能成为学生印象深刻的一堂课，学生不仅学习了知识，还学习了如何学习。

对学生提出的疑问，不能仅依靠学生自己寻找答案，教师应及时指引学生的思考方向，问题不能太深入，以至于学生失去兴趣，只有让学生心理上体会到找到答案的满足感，才能更有效地对其进行引导。这是因为成就感和满足感是每个人的心理需求，只有满足这一需求，教师才能更好地将“兴趣”培养到底。

三 前置性学习是激发学习兴趣的诱因

古语说：“为长者折枝，是不为也，非不能也。”可见，心理接受才有行为。对高职学生来说，只要不存在智力问题，学习起来都不会很困难，困难的是去学。对学习有兴趣才会去学，也就是说，主动学习是感兴趣的主要体现。只有对学习感兴趣，才会“想学”，才会“坚持学”。学生学习的积极性被调动起来，学习氛围才会活跃，学习效果才更好，才有助于提高学生的领悟力和自学能力。在课堂教学时，应检查学生的预习情况，并鼓励预习任务完成较好的学生到讲台讲解，树立学习榜样，激励学生做好课文预习。

终身学习的理念能否顺利落实，关键在于人们是否具有自学能力。高职学校教育的其中一个重要目的是培养学生的自学能力。可以说，教师在教学中，形式上是传授知识，本质上是传授学习方法、培养学习能力。只有掌握了学习的方法，学习才更有意义。

第三节 职业教育需要与动机心理

动机是由目标或对象引导、激发和维持个体活动的一种内在心理过程或内部动力。根据产生的基础可以将动机分为生理性动机和社会性动机，根据性质可分为内部动机和外部动机。动机对于个体的行为具有激活、指向、维持、调节功能，它能够发动行为指向某一目标，使得个体从静止状态转向活动状态，因此动机是构成人类大部分行为的基础。动机对于人参与活动的热情、积极性、调控性有很大的影响作用。教师教育动机属于动机的范畴，在教师教学行动中起着激发、指向、维持、调节作用，是教师顺利完成教学任务的内在动力。“教师承载着传播知识、传播思想、传播真理，塑造灵魂、塑造生命、塑造新人的时代重任。”① 教师的教育动机必将影响最终的教育效果。

教育动机是一种工作动机，即在学校环境下推动教师以其独特的职业角色从事教育职业所规定的行为与活动的内部动力与外部诱因，是教师完成教育活动所涉及的内、外部因素相互作用所产生的结果。教育动机直接影响教师对教育活动的积极性、参与性与持续性，在教学过程中以动力形式对教学活动施加影响。

研究者从内部动机和外部动机的角度对教师工作动机进行划分。衷克定等人将教学动机划分为内部动机、外部动机和外部内化动机三种。内部动机是教师在教学工作之中所表现出来的内在的主观需要与价值取向；外部动机是教师顺利完成教学工作的外在诱因；外部内化动机是教师外部诱因与内在需要相互作用而达成行为目标的动机。阮守华认为，教师职业动机可分为内在动机与外在动机。内在动机涉及教师的职业兴趣、教学效能感等内在相对稳定的因素，而外在动机则由教师职业的外部目的所引发。辛朋涛借鉴马斯洛需要层次理论，将教师的工作动机划分为生存动机、关系动机、尊重动机、责任动机和权利动机、自我实现动机。其中，生存动机为基础，而自我实现动机层次最高。研究者对教育动机层次类型的不同划分与阐释，说明教育动机存在的复杂性及其对教师教育活动的重要性。教师的成就动机是教育动机研究的另一个重要领域。所谓成就动机是指人们希望从事对其有重要意义的、有一定困难的、具有挑战性的活动，并在活动中能取得成就的动机。阿特金森将个人的成就动机分为力求成功的动机与避免失败的动机。董巍等人认为，教师存在高度追求成功、高度回避

① 习近平：《思政课是落实立德树人根本任务的关键课程》，人民出版社，2020，第12页。

失败的动机倾向，这种动机倾向对教师心理健康存在不同程度的负面影响。个体在进行活动时会伴随着活动成功或失败的经历而产生的不同情绪体验，即由成功带来的积极情绪体验和失败伴随的消极情绪体验。成就动机与个体的内部动机之间有紧密的联系，通过对成就动机的分析，可以对教师在教学过程中的主观体验进行预测。

第四节　职业教育认知心理

把诸家学说关于认知心理学的概念归纳起来，可以分为广义的和狭义的两个概念。

从广义上说，认知一词也就是认识（Cognition），是人认识的心理过程。在广义下认知心理学包括结构主义、心理主义和信息加工心理学等。它们的共同点是强调研究意识过程和研究认识的高级过程。

结构主义心理学以冯特和铁钦纳为代表，主张心理学运用内省法分析意识的构造与内容，它只问意识状态由什么元素（感觉、表象和简单情感）构成，不问意识内容的由来和为什么。

心理主义心理学重视心理现象和心理考察的观点，主张心理科学应该成为其他科学的基础，而且认为一切学科中只有心理学才能担当这一使命。19世纪末至20世纪初，有逻辑学中的心理主义和社会学中的心理主义。在哲学上，心理主义主张认识论问题只能依靠心理学的研究才能得到圆满的解答。

狭义的认知心理学是指信息加工心理学，这是美国认知心理学的主流。这种心理学把人和计算机进行类比，它吸收了信息论、控制论、计算机科学和语言学的一些新成就，利用这些科学提供的术语来描述人类各种复杂的心理现象和行为。在狭义的认知心理学中对认知的概念也有不同的解释。美国心理学家霍斯顿（Houston）等在《心理学导论》中列出了五个定义，并认为很难说哪一个是完全正确的，不过他认为把五个定义合起来可能能够给人一个粗略的了解。这五个定义分别是：信息加工、符号的心理运算、问题解决、思维、一组相互关联活动的集合。

许多认知心理学家把人设想为“信息加工”的装置，把认知设想为信息加工的过程。一位有影响的心理学家奈瑟（Neisser）指出：“认知就是指感觉输入的被转变、简化、加工、储存、恢复和运用的全过程。”对于认知心理学家来说，信息加工的语言已变得平凡陈腐了。在关于认知的讨论中，更多的是强调信息在人的有机体中的流程。这个流程从注意、知觉开始，直到储存、恢复以及最终使用。

事实上已经有了几个尝试，有些人想通过设计计算机程序帮助理解人类的思维，有些人企图设计一种程序，使它能够“模仿”人的思维，即表现出智慧的品质。模仿记忆的程序是不足为奇的，有些研究者甚至在程序中编入情绪的成分，使之能表现得更像人类。例如，西蒙曾经尝试把“急躁”和“沮丧”编入进计算机程序。认知心理学的真正任务是建立真正的信息加工模型和以计算机为基础的“人工智慧”系统。

某些对认知所下的定义指出我们所谓的认知活动，许多都包括了符号的心理操作。符号标志着某些东西，而不是自身。语词就是符号，“羚羊”代表着某种动物，而“铅笔”则是指一种木和铅制成的书写工具。显然，语言是一种符号系统。

符号的最大优点在于它能使人摆脱当前状况的束缚。它允许我们去思考、体验、想象或记起某种物体或某种事件。如果你想象一个粉红色的娃娃穿着绿色的短袜，或者想象你十四岁的生日，你就会体验到不用符号就无法体验的东西。符号使我们能够旅行到过去，远足到未来或浏览仙境。所以，相关研究者认为符号的心理操作就是认知的核心。

还有一些认知心理学家认为，认知就是问题解决的活动。这个学说认为所有的思维都指向问题解决。一些心理学家指出，某些思维确实具有问题解决的性质。例如，当你饿得难受想找个什么地方去美餐一顿的时候，显然是想要解决问题。但某些类型的认识活动很难符合这种问题解决的概念。例如，假设你发现自己在做“白日梦”，这个活动能被认为是问题解决吗？某些持这种观点的人争辩说，虽然这个学说也许不完美，但做“白日梦”确实是问题解决的活动。

如果它能使你忘掉烦恼之事，它也许就是一种问题解决的方法。再如，如果你为考试分数低而着急，你可以做“白日梦”，梦见自己陶醉在清澈透明的湖光水色之中。你实际上就是通过幻想而获得某种满足从而减轻你可能名落孙山、遭受挫折所感到的痛苦。换言之，持这种观点的人很有可能认为许多认知活动（如果不是全部的话），代表了问题解决，即使解决的方式是不现实的（白日梦）。正像某些心理学家所认为的那样：问题解决是认知活动的一种特殊形式，而不是唯一的形式。

我们上面所谈到的一些内容似乎暗示着认知心理也许等于思维。事实上许多认知心理学家确实把研究思维的性质看作头等大事。那些研究思维的人必须研究形形色色、多种多样的活动，因为思维代表了人类行为最高级、最复杂的形式。

很多认知心理学家把思维作为主要研究对象。研究思维必须处理各种各样的活动，因为思维是人类最复杂、最高级的活动形式。例如，当我们试图解决一道数学难题时，我们是在运用思维；当我们试图记起某人的名字时，我们是在运用思维；当我们猜谜语时，我们是在运用思维；当我们写文章时，我们也是在运用思维。因为思维既包括言语思维也包括形象思维、概念形成和问题解决等。

一些认知心理学家愿意选择这种比较宽泛的说法。因为认知的定义是很难确切加以表述的，只能用模棱两可的说法从外延上给认知下定义。霍斯顿认为，总的说来，认知心理学反对局限于研究孤立的、外观的、可观察的反应，而致力于了解心理进行中的活动。这种活动就是传统心理学中被称为认知活动的东西，也就是全部的信息加工活动。

第五节　职业教育情绪情感心理

任何教育过程都离不开教育者与受教育者的沟通。只有通过沟通，教育者才能把社会所提出的教育要求传导给学生：只有通过沟通，才能使受教育者明确教育者的教育意图和教育内容；也只有通过教育者与受教育者双方的有效沟通，才能实现相应的教育效果和目标。

关键问题是：怎么样的沟通才能有效？如何实现有效地沟通？许多教育工作者都已经意识到：在信息高度发达，学生自我学习、自我吸收能力越来越强的今天，传统的“我说你听”“我打你通”的单向的“灌输—接受”教育模式已经不能奏效，相反还有可能引起学生的逆反心理。因此，在教育过程中形成一种平等的相互沟通和交流的方式，已经成为众多教育工作者所追求的。

大学生教育的有效沟通是教育者与大学生之间意见、看法、情感、态度的交换与交流，它是联系教育者与大学生的桥梁。如何通过沟通达成双向理解，消除彼此间的隔阂，拉近彼此之间的心理距离，实现信息的交流与共享，最终达到有效交流思想、化解矛盾、形成共识的目的，是我们必须思考和研究的重要问题。如果在教育过程中教育者与大学生之间缺乏真正有效的沟通，造成教育信息传递的不到位、不同质，亦即大学生对教育者所传输的教育信息要么未收到，要么拒收，要么收到但不认同或是曲解等，大学生教育的实效性就无法提升。

（一）教育沟通的内涵

教育从概念上来看，分为广义和狭义，“广义上的教育沟通包括一切围绕教育沟通开展的沟通活动，包括自我沟通、人际沟通、组织沟通等。狭义的沟通则仅仅指人际沟通，即教育者和受教育者之间的沟通。”从上述定义可以看出，教育沟通就是传播教育的内容，在传播的过程中，沟通主体之间通过认知、思想、观念以及情感等因素的相互交流达到相互理解的目的。具体而言有如下几点内涵。

（1）教育沟通的内容，简言之就是“社会主义核心价值观”，其基本内容包含：第一个层面即国家层面的“富强、民主、文明、和谐”；第二个层面即社会层面的“自由、平等、公正、法治”；第三个层面即个人层面的“爱国、敬业、诚信、友善”。具体而言，就是“世界观、人生观、政治观教育，爱国主义教育、集体主义教育，家庭美德、社会公德、职业道德教育”。

（2）教育沟通的物质载体，主要包括语言、文字、动作、表格、图片、音频、视频、活动等。

（3）教育沟通不仅指人与人之间的沟通，还包括人与组织之间、组织与组织之间的沟通，甚至是整个社会之间的沟通。

（4）教育沟通的形式。从主体的性质分析，可以把教育沟通的形式分为自我沟通、人际沟通和组织沟通。自我沟通的主体只有一个个体，在个体内部完成相关沟通，个体本身与自身进行交流，信息在个体内部的交流不外泄，但它是对外部信息主动、能动的反应，通过自我教育的方式把社会的需求内化，并通过一定的形式外化表现出来，达到教育的效果。人际沟通则是指个体与个体、个体与群体之间在平等的基础上相互之间通过高效的信息传递实现教育的目的，它是一种直观、简单、高效的沟通方式，组织沟通，即在组织内部或者组织与组织之间所进行的信息传接工作。

（二）教育沟通的功能

教育沟通是教育的重要环节和必经过程，是进行职业教育的关键要素。因此，阐述职业教育沟通的功能，不仅有利于发挥其作用，还能促进教育活动的有效进行。

（1）认识功能。认识功能是指教育沟通过程中在教育对象和主体之间对教育内容的有效传递，情感交融，实现教育对象和教育主体在教育内容上的认同和理解。在教育沟通中，教育双方要实现交流、认识、分析和学习教育的内容之目的，务必建立一个良性的循环系统，即施教者主动、平等地传递教育信息给受教育者，受教育者主动、能动性地接受教育信息，并把接受和理解情况及时反馈给施教者，施教者在接收到受教育者的反馈之后再站在受教育者的角度审视自己的教学活动，从而实现双方的感情交流，产生教育共鸣。

（2）疏导功能。疏导功能是指施教者依照教育的内容，对受教育者进行必要的疏导或指导，帮助受教育者树立起社会所需要的价值观、世界观等，把受教育者培养成为一个社会需要的、全面发展的个体。沟通双方在交流的过程中，施教者用先进的思想理念和价值观念引导受教育者按照社会主流思潮所倡导的方向前行，施教者时刻跟踪受教育者的思想动向，如果发现有偏差或步入歧途，及时进行引导和矫正，让受教育者从偏差中回归社会倡导的方向，达到塑造自我、提升自我、丰富自我、完善自我之效果。

（3）发展功能。发展功能是指教育通过沟通实现双方自由全面发展，或者是组织沿着积极的方面进行协调发展。沟通的发展功能，从其主体构成层次的角度进行划分可分为个人的全面发展、组织的协调发展、社会的和谐发展。也就是说，沟通的发展功能是一个外延较广的概念，它包含个体、组织、社会和自然界四个层面。在教育沟通过程中，沟通主体为个体时，双方都可以通过沟通增长知识、开拓思维、丰富思想，从而提升自身的沟通能力，达到全面发展的效果；沟通主体为组织时，无论组织内部还是组织与组织之间，如果形成良好有效的沟通，各组织、各部门能够相互理解，消除误解，缩短距离，加强配合，避免不正当竞争，有利于组织协调和可持续发展。通过教育沟通，实现了个人的全面发展和组织的协调发展，社会的和谐发展也就顺理成章、水到渠成，社会和谐发展自然而然促进了自然界的和谐发展；同时，自然界和社会的和谐发展反过来又为个人和组织的发展创造了有利条件。

（4）感染功能。感染功能是指施教者通过科学的信息、民主的氛围、高尚的道德、良好的素质感化受教育者，提升受教育者在职业教育沟通过程中的积极性和主动性，自觉将沟通内容内化到自身思想中，并外化于行。

影响教育沟通效果的首要因素是沟通信息的科学性和实效性，它是感染受教育者的关键所在。教育沟通信息紧扣马克思主义这个根本内容，就能确保教育沟通内容的科学性，就能很好地感染受教育者。民主的沟通氛围容易感染受教育者。教育沟通离不开一定的沟通氛围，由于施教者的身份、地位、知识水平、人生阅历等方面在施教过程中处于优势地位，受教育者在心理上难免有一些紧张情绪，这必然会影响到沟通的效果。如果施教者主动营造轻松活泼、民主和谐的沟通氛围，受教育者的紧张情绪就会消除，心理压力就会得到释放，从而自觉能动地接受沟通内容，就能启发受教育者的思路，充分发挥受教育者的聪明才智，达到理想的沟通效果。正如毛泽东同志所要求的，施教者需要营造一种“又有集中又有民主，又有纪律又有自由，又有统一意志、又有个人心情舒畅、生动活泼，那样一种政治局面”①。

人格魅力是无穷的，教育沟通中，人格魅力的作用不容忽视。施教者如果拥有高尚的人格，容易在受教育者面前树立权威，赢得其信任，受教育者无形之中被施教者平等待人、谦虚亲切、敬业爱岗的品质所感染，对其产生尊敬和信赖的情感，发自内心地认真倾听、理解、内化施教者发送的信息，全力配合并参与信息的有效沟通，促使目标的实现。同样，施教者在沟通中如果有较强的观察分析能力、语言表达能力、人际交往能力、组织协调能力、收集和利用信息能力，对受教育者具有示范作用，能够以自己的行为激励受教育者参与到职业教育沟通中。

（5）释疑功能。释疑功能是指通过沟通向人们澄清一些思想上存有疑

① 《毛泽东文集》第8卷，人民出版社，1999，第293页。

惑的问题，纠正人们的错误思想、落后观念以及错误或不合时宜的行为。对于怎样认识这些新现象、新问题，如何分清正确思想和错误思想，人们存在不同程度的疑惑。施教者要主动出击，充分运用马克思主义理论的立场、观点和方法，向人们讲清这些现象的产生原因、现状和发展趋势，科学地辨别正确思想和错误思想，增强鉴别和抵御能力，澄清思想上的疑虑。

第六节　职业教育思维心理

思维方式是认识论的重要论题之一，它是一个可以从多角度、多重意义来解释和说明的范畴。人们根据自己特定的理解与需要，在不同场所或语境中，解释不同的对象，而赋予它相应的意义，这种情况很容易带来混乱，无法进行有效的沟通和交流。按照层次的高低，学术界通常把思维方式分为哲学思维方式、科学思维方式、日常思维方式。哲学思维方式通过把握对象世界最一般的本质，以思辨的形式来理解对象世界，它属于抽象化、理论化了的最高层次。科学思维方式通过把握对象世界的具体规律，以实证的形式理解对象世界，它也是系统化、理论化了的，比哲学思维方式低一个层次。日常性思维方式通过感性的、经验的形式理解和把握对象世界，一般表现为某种不自觉的思维习惯及行为方式等，它属于非理性化的，属于最低层次的。三种思维方式往往交织在一起共同发生作用，都是人类思维活动不可缺少的东西，但哲学思维活动是人类精神活动的核心，它是科学知识和日常经验的概括与升华，反过来又指导着实证认知和经验认知，进而支配着人类社会活动的方向、内容和性质。

要准确界定思维方式，必须从两个方面入手：从思维方式内在结构要素的角度，以及从思维方式与实践方式关系的角度。首先，从思维方式的内在结构来看，思维结构有三个基本层次：心态层次、理论层次和经验层次。它是三个层次的有机统一。一定的思维结构同时又是一种认识结构，这种认识结构在主体思维活动中具体转化为一定的感知模式和思维模式。从静态来看，思维方式表现为主体思维的功能结构、认识图式，情感结构等；从动态来看，思维方式表现为由逻辑、方法、程序、公式等构成的稳定的解决问题的模式。思维方式同实践及其方式是直接联系在一起的，社会实践决定思维方式，实践的水平、实践方式的发展程度决定思维方式的科学化程度；思维方式以社会实践发展为前提，是实践活动方式的内化与积淀。正如列宁曾说过："对黑格尔来说，行动、实践是逻辑的推理，逻辑的式。"① 当然，这并不是说逻辑的方式把人的实践作为它自己的异在（等同于绝对唯心主义），而是相反，人的实践经过亿万次的重复，在人的意识中以逻辑的方式固定下来。"这些式正是（而且只是）由于亿万次的重复才有着先入之见的巩固性和公理的性质。"② 由于人们的实践活动是在一定的历史条件下和一定的时空结构中进行的，不同的实践对象形成了实践活动的不同结构与不同方式，正因为如此，才形成了不同时代、不同地域思维方式的差异。综上所述，我们做出这样的界定：思维方式是指在一定社会、一定时代，思维主体按照特定的需要与目的，运用思维工具去接受、反映、理解、加工思维对象的思维活动的样式或模式。要研究思维方式，必须从人类认识世界和改造世界的实践活动中，从人类思维方式本身逻辑演绎发展的过程入手，去探索隐藏在思维方式背后的历史必然性和宏观规律性。

纵观人类思维方式的发展轨迹，我们发现，思维方式的变革与生产力和科学技术的发展是相对应的，与人类的认识能力和认识水平是相对应的，思维方式作为一种人类把握客体的认识工具，具有如下特征。

第一，时代性。一定的历史条件产生一定的思维方式，可以说，思维方式是一定时代生产方式的内化或者说是特定时代生产方式的观念形态，植根于这个时代人类实践活动和生活方式的土壤中，并随着历史时代的推移而发生变革。思维方式作为社会意识的一种表现形式，归根结底源于人的实践活动，是在人类社会实践（包括生产实践、生活实践）的基础上产生的。人的实践活动和生活方式是思维方式产生和形成的基础，思维方式是社会实践活动和生活方式在人脑中的反映，不同时期的社会存在和社会实践，使得思维方式在不同时期呈现不同的特征。但是，思维方式的发展与社会历史的发展之间并不是完全同步的。一般来说，如果思维方式符合社会发展要求，与社会发展方向相适应，那么这种思维方式就会促进社会发展；不符合社会历史发展要求的思维方式，虽然在短时期内还不会被剔除，但当人们认识到它的局限性和危害性时，它就会逐渐被新的思维方式

---

① 《列宁全集》第 55 卷，人民出版社，2017，第 186 页。

② 《列宁全集》第 55 卷，人民出版社，2017，第 186 页。

取代。

第二，相对稳定性。思维方式是人类在认识和实践过程中形成的具有相对稳定性的思维程式和结构模式，思维方式一经形成就会呈现相对的稳定性。从思维方式的客体来看，事物的本质联系具有相对稳定性，那么反映本质联系的思维方式也必然相对稳定。从思维方式的主体来看，思维方式是人们对实践经验的一种观念形态，思维方式一旦形成并获得人们的普遍认同，就会经过多次的反复和传承，直至形成较为稳定的、惯常的思维样式和方法，人们的思想、行动和生活将受到这种思维方式潜移默化的支配和引导。在思维方式发生变革的过程中，这种相对稳定性表现为思维定式，也称“惯性思维”。思维定式在一定的历史时期成为指导人们个人行为方式的固有模式，有利于社会价值和文化发挥对社会经济发展和制度建设的稳定作用，防止社会突变造成社会动乱。然而，当时代需要变革创新时，思维定式的社会性、阶段性以及知识经验的局限性，压制着跃迁式思维的发展，又成为社会发展的主要障碍。

第三，能动性。思维方式一经形成，就会对社会生活的各个方面产生广泛而深刻的影响。先进的思维方式指导人们正确地认识和实践，落后的思维方式，阻碍人们正确地认识和实践，进而阻碍社会的发展和进步。马克思恩格斯提出：“不是意识决定生活，而是生活决定意识”①，社会的发展变化决定着人类思维方式的发展变化，而思维方式具有相对独立性，思维方式也会影响着社会发展的进程。良好的思维方式，对社会的发展来说意味着动力、创新，对人们来说意味着幸福和快乐，掌握这种思维方式的人们，在认识和处理问题时能顺应历史潮流，推动社会不断向前发展。落后的思维方式阻滞着社会的发展。当社会已经大大向前发展以后，曾经在历史上起过积极作用的思维方式不可能立刻退出人们的头脑，如果人们继续按原来的思维方式去处理问题，那就会严重阻碍社会发展。马克思主义者特别重视思维方式对社会发展的巨大反作用，因此也特别重视思维方式的变革和优化工作。当人们的思维方式与时俱进、与社会发展相一致时，便能够突破原来的认识局限而开辟出一片新天地，为社会实践的发展开辟更为广阔的道路。

---

① 《马克思恩格斯选集》第1卷，人民出版社，2012，第152页。

简单性思维以“有序”“分割”“理性”为支柱，在考虑和处理问题时秉承机械决定论、还原论、线性因果论、主客二分等方法和原则。正如莫兰所说：“简单性思维范式是一个把秩序放入宇宙并从其中赶走无序性的范式。秩序（或者有序性）最终被归结为一个规律、一个原则。简单性看到的或者是一，或者是多，但是不能看到一同时也看到多。简单性的原则或者是分开联结在一起的东西（分离），或者是把多样性的东西同一化（还原）。”自古希腊的先哲们开始，简单性就一直是一个古老而朴素的观念和信条，例如，他们试图把复杂的自然现象归结到一种简单本源，赫拉克利特的火、德漠克利特的原子等都是对世界本源的探寻。近代以来，简单性被当作世界的基本属性。科学巨匠牛顿把简单性作为一种科学信念置于众法则之首。牛顿在《自然哲学的数学原理》中认为，自然界不做无用之事，只要少做一点就成了，多做了无用；自然界喜欢简单化，不爱用多余的原因以夸耀自己。现代物理学的开创者爱因斯坦把追求简单性作为人生的最高目标，在爱因斯坦看来，一切科学的伟大目标都是要从尽可能少的基本假设或公理出发，然后通过逻辑演绎，概括出尽可能多的经验事实。一个理论前提的简单性越高，它所涉及事物的种类越多，它给人们的印象也就越深。简单性信念成为近代科学发展的动力之一，牛顿的万有引力定律、达尔文的进化论、爱因斯坦的相对论、普朗克的量子假说等都是基于这一理念而取得的巨大成就。简单范式为自然科学的发展带来了辉煌成果，由此演绎而来的简单性思维也日益成为人类的主要思维方式，并逐渐渗透到人文社会科学领域。西方古典经济学中的威廉·配第与大卫·李嘉图的经济理论、圣西门关于新社会的理论、孔德的实证主义社会学、泰勒的“科学管理”学说、法约尔的一般管理理论，以及教育教学领域中卢梭的自然教育理论、赫尔巴特的科学教育学、斯宾塞的科学主义的课程观、泰勒的现代课程经典逻辑程式、施瓦布的实践性课程论等，都是简单性范式成功运用的重要典范。由此可以看出，人文社会科学领域需要简单性思维，现代教育体的建立也依赖于简单性思维，大学生职业教育当然也就难以摆脱其影响。

第七节　职业教育心理疏导

心理疏导作为职业教育中一种非常重要的方法，被认为是对“心理疏导”“心理辅导”“心理治疗法”等心理学理论与技术的扩充和发展，也是对职业教育方法论的发展和创新。在高校大学生职业教育面临“旧貌换新”的改革背景下，心理疏导这一可以充分凸显人文关怀与尊重学生主体地位、提升亲和力的重要方法，如何在未来职业教育实践互动中正确、合理、高效地运用，也引起了很多学者的关注及探讨。

心理和疏导相结合的“心理疏导”最初曾运用于临床医学与心理学当中，后被借鉴运用于职业教育中。在新形势下，学术界对于心理疏导概念的定义虽在理论支撑上存在分歧，但对其预期效果的设定却是一致的，综合其观点来看，职业教育中的心理疏导方法的概念更倾向定义为：教育者运用教育学、心理学或者职业教育乃至医学界的相关理论和技巧，利用语言或非语言的沟通方式，通过解释、阐明、共情、支持及彼此之间的理解进行职业教育，疏通人们在心理、思想、观念方面存在的问题，改善不健康的心理状态，将其思想与认识引向正确的轨道，在提高心理健康水平的同时，提升其社会适应性。

一　心理疏导与心理咨询

心理咨询是一种以助人为目的，由专业人员运用心理学的相关技巧，对在心理适应方面出现问题，并探求解决途径的来访者给予心理援助的过程，心理疏导与心理咨询虽然都是通过沟通的形式来找寻心理上存在的问题，但二者有几处明显的差别。

第一，在适用对象上，心理咨询的来访者通常来说是遇到发展性或者情境性问题的人，他们或精神正常，但存在心理问题，或精神与心理都存在一定症结，他们在面对日常生活、工作或某个问题时无法以正常的心理应对以及产生相应的一般行为，通过心理咨询，来确定产生心理问题的根源进而有针对性地解决。职业教育中的心理疏导所面对的对象则受众更广，限制性小，一般需要进行心理状态调适，需要进行正确价值观引导，需要解决思想困惑的人，都可以是心理疏导的对象。

第二，对价值问题的处理方式不同。“心理咨询的过程重点不在于价值引导，其价值干预的目的是帮助来访者察觉到自身在价值观方面的问题，激发个体能动性，从而去解决自己的问题。”① 而心理疏导是具有明确价值观导向的，价值引导是心理疏导的最终目的。

第三，主体与场所上，能进行心理咨询的工作者需具备较为全面的心理学理论知识和实践技术，需要经过系统的心理学相关理论知识的学习和培训，而心理疏导则需要教育者掌握基本的心理学知识和疏导技巧。在场所上，进行心理咨询需要在规格符合国家要求以及专业人员、设施配备齐全的场所内进行，职业教育中的心理疏导则没有严格的场地要求。

二　心理疏导与心理治疗

“心理治疗是一种受过训练的专业人员为来访者或学生提供帮助，使其行为或情绪发生变化的社会互动过程。”② 颜世富等认为：“心理治疗是心理教师或者其他人员利用符号或者仪器设备使学习者的心理与行为发生改变，恢复心理平衡，治愈心理疾病，增进心身健康状况的过程。”③ 目前社会对于心理咨询与心理治疗的概念还没有形成一致看法，但总的来说，“心理治疗所关注的是在心理咨询范围之外更严重的心理问题，如个体严重心理障碍，精神症以及精神分裂等方面的问题。通过心理治疗可以让个体的人格、行为、自我调整能力得到积极转变。”④ 但相比于职业教育中的心理疏导，二者的概念区分则很清晰。第一，心理治疗隶属于心理学领域，心理疏导隶属于职业教育领域。第二，心理疏导的目的是对受教育者进行符合主流价值观的引导，提高其社会适应性，而心理治疗则针对性更强，关注于个体的人格、行为以及严重的心理问题，通过治疗以期达到正常人的生理、心理健康水平。

三　心理疏导的特点

心理疏导是职业教育中一种重要的方法，对心理疏导在实施过程中所

---

① 崔建华：《心理治疗的理论与实务》，厦门大学出版社，2012，第2页。

② 崔建华：《心理治疗的理论与实务》，厦门大学出版社，2012，第2页。

③ 阎嘉陵、颜世富、孙时进主编《当代青年心理学》，复旦大学出版社，1998，第56页。

④ 崔建华：《心理治疗的理论与实务》，厦门大学出版社，2012，第23页。

需坚持的原则设如下要求。

第一，共情，也称为同理心或同感、投情。指借助于心理疏导客体的言行，设身处地地从客体内在的参照标准去认识、理解其内心真实世界，从而去理解对方的情绪、思维以及行为，同时运用专业的方法或咨询技巧，把自己对教育对象内心深处的体验、感受及观点传达给对方，进而引导对方做进一步的思考。其概念源于心理学中的共情与移情。“共情与移情是心理咨询中一种治疗态度与治疗方法的借鉴，是指把自己置于他人位置上，从而使人能够知觉、体验、分享他人的情感和能力。”① 心理疏导中的共情，意在通过营造一个良好的沟通氛围，让心理疏导客体认为自己是处在“被理解，被包容，可以身心放松”的情境内，进而可以在教育者的引导下进行理性的思考，找到心理问题，从而进行疏通。高职院校的关键助手之一就是情感氛围的育人作用。

想要对心理疏导客体的自身情况进行相对准确的认知，要保持价值观上的中立态度，不过分主观代入，也不可以偏概全地否定或“断章取义”。共情的目的在于使心理疏导的客体觉得自己身处的环境是“舒适的”“被理解的”“被接纳的”，从而与教育者建立良好的沟通关系，进行下一步的深入谈心，以此更加深入地了解客体，把握其心理状态与内心世界。教育者要引导，鼓励心理疏导客体自我表达、自我剖析，从而形成相对清晰的自我认知。

基于这一点特性，想要达到良好的共情状态，受教育者需要注意以下几个方面的事项。首先，将心比心，设身处地，位置互换。教育者要学会打破主体自身的参照标准，设身处地地去以心理疏导客体的参照标准来感知对方的情绪、心理与行为，尽可能排除自己过多的主观因素的干扰。其次，充分地聆听才能收获最全的信息。教育者要认真倾听心理疏导客体的语言，观察其肢体信息，在脑海中整理心理疏导客体整体所传达出来的情绪与信息，同时利用沟通技巧或相关专业技巧，对其进行求证。之后，做出正确的行为回应，即心理疏导主体对客体的现实处境及内心感受做出有利于问题解决的语言或非语言行为回应。最后，留意心理疏导客体所给予

---

① 高剑婷、孙越异：《在咨询的世界共舞——共情与移情区别与整合》，《医学与哲学》（人文社会医学版）2009 年第 11 期。

的回馈信息，教育者在充分传达自己的共情信息外，还要及时观察客体的反应，来检验自己的想法正确与否，也可以通过询问技巧等来检验并及时修正。

第二，交互性，心理疏导注重主体与客体的对等沟通，因此交互性也是使心理疏导不同于职业教育中其他方法的重要特性之一。在有效的心理疏导中，教育者和受教育者平等沟通，互相配合，是双向的，绝不是以教育者为主体的单一导向的、自上而下的、命令式的理论灌输，心理疏导也通常都是教育者与受教育者一对一进行的，“教育者与教育对象交心谈心，达到心理相融，为心理疏导创造条件”①。在这过程当中，教育者和教育对象双方都有充分的时间和机会来表达自己的观点和看法，双方通过对方的情绪与言行来进一步了解对方。教育者与教育对象是一种双向互动的思想情感的交流。同时，教育者在心理疏导中根据教育对象的信息、反应及反馈，对疏导的内容、策略与技巧等适当地加以调整。可以说，心理疏导的这个特性不仅充分尊重了学生在职业教育中的主体地位，也屏蔽掉了过往传统职业教育中呆板、僵化与理论填鸭的弊端。在民主和谐的氛围下，受教育者的能动性与积极性就可以被充分激发出来，让学生敢于讲话，敢于表达，这样就能更快地找到教育对象心理问题产生的根源。

第三，主动性，新形势下的高等职业教育要屏蔽旧的教育中的刻板问题，要更具亲和力与主动性。心理疏导在职业教育中，因其特殊性，就更需要主动出击，保持主动性，教育者需真切地留意到教育对象的思想变化，采取主动态度，积极适时地进行疏导。在心理疏导中，教育者要以教育对象的实际情况为出发点，在充分了解教育者的心理情况后，具体问题具体分析，抓准其问题与产生根源，因地制宜地选择合适的疏导技巧，主动进行疏导。高校职业教育工作是具有常态性和反复性的，在高校大学生群体当中，也存在相当一部分同学心里有难处、情绪有问题却不敢说、不想说、无处说，时间长了极容易产生心理危机或心理障碍，因此在遇到这类现象时，心理疏导的主动性就更应发挥出来。

第四，保密性，在心理疏导中，教育者在讲述自己的心理、情绪及感知时，不可避免地会谈及令自己不悦、愤怒、痛苦的事情，其中也无可避

---

① 崔建华：《心理治疗的理论与实务》，厦门大学出版社，2012，第 46 页。

免地会涉及个人隐私，知晓隐私并守口如瓶、予以保密是非常重要的。只有双方彼此信任，受教育者才能积极配合，教育者才能有效开展后续的心理疏导工作，受教育者只有感觉自身处于心理安全区内，才会坦诚地吐露心声，心理疏导的主客体才能进行更深入的交流。因此在进行心理疏导时，教育者要时刻铭记自身的职业操守，不可忽视其保密性，只有在舒适、保密、民主的气氛下，受教育者才会更坦率，有利于教育者对学生的心理问题作出准确判断。

四　心理疏导的原则

在进行心理疏导时坚守其固有原则，不仅可以指导教育者合理地、科学地应用心理疏导方法，同时也是对职业教育客观规律的遵循。

第一，共性和个性相结合的原则。高校大学生由于其所处阶段的特殊性以及其身心发展规律，很容易面对一些存在集体共性的发展性心理问题，例如人际关系焦虑、学业压力、情感问题、职业规划问题、情绪管控问题等，但同时，个体由于成长环境与身心发展条件不同，其个性心理存在差异，不同层面、条件的人也会存在不同层面的心理问题，这就要求高职院校认同并尊重学生在心理层面、思想层面的差异性、层次性，以个体生理、心理、诉求、认知的实际情况为依据，抓住不同层次、不同情况下学生的特点，按照大学生的个性特征、思想实际与发展要求，选取不同的教育方法，有针对性地解决不同教育对象的各种思想矛盾和实际问题。因此在进行心理疏导的过程中，要充分把握共性与个性相结合的原则，既要考虑到共性问题，也要因地制宜，对症下药，照顾到不同个体需求。

把握好共性和个性相结合的原则，需要注意以下两个方面，首先，高校在开展普及性的心理健康相关活动时，要充分注意到大学生群体所共同关注的问题，可增设集体讨论、互动交流和问题解答环节。其次，教育者要尊重个体的特殊性，在进行心理疏导时，有针对性地选择与心理疏导对象情况相符的方式。

第二，防治与推广相结合的原则。2018 年 7 月 6 日，中共教育部党组印发了《高等学校学生心理健康教育指导纲要》，其中就工作原则强调“发展性与预防性相结合”，即加强心理健康知识的普及和传播，充分挖掘学生心理潜能，培养积极向上的心理品质。重视心理问题的及时疏导，加强心理危机预防干预，最大限度地预防和减少严重心理危机个案的发生。防治与推广相结合的原则是指教育者在进行心理疏导工作时，一方面要未雨绸缪，针对大学生不同阶段出现频率高及可能出现的心理问题进行提前预防和疏导，另一方面，也需要尊重大学生心理发展的客观规律，用发展的观点来推动大学生心理疏导实践的发展。例如开展普及性的心理健康知识讲座等，以此提升高校大学生在心理问题方面的自我认知、自我调适以及自我修护能力。以往的高校心理疏导工作侧重于说服教育、针对人们在思想认识上的偏差，将人们的思想引导至正确的发展方向上，便于加强党在思想上的管理。但随着社会变革的到来，大学生的精神世界受外部环境与内在成长的双重影响，复杂性、多样性越来越明显，因此，重视高校职业教育中心理问题的防治与心理问题疏导的推广成为时势所需，二者缺一不可，互为补充，推广是防治的延伸与目的，防治是推广的前提与基础，充分处理好两者关系可以有效提升心理疏导的实效性。笔者认为可以通过以下两个途径来坚持防治与推广相结合的原则。首先，高校应通过线上线下相结合的形式，搭建属于本校学生的心理健康水平监管机制或系统，定时调查掌握大学生心理状态与思想动态，从而“勤监管，早发现”，对大学生进行有针对性的心理疏导。其次，职业教育工作者要灵活运用心理疏导方法，善于捕捉每一个适合心理疏导的小机遇。例如在平时的教学和交流中，可以向学生分享相关案例或者社会热点事件，引导其树立正确地看待问题的角度，以形成正确的世界观、价值观。

第三，理解与尊重相结合的原则。尊重是平等交流的基础。心理疏导中的尊重原则是指心理疏导主体要充分尊重心理疏导客体的个性、需求与自尊心，并时刻注意自己的言谈举止，确保让学生能够感知到谈话氛围是安全的，从而能放下戒备，敞开心扉。理解原则是指心理疏导主体要通过共情，以客体的参照标准来感受他们的情绪、心理与行为，也是指心理疏导主体要在谈话中充分感知到心理疏导客体通过言行举止、神态语调等表现所传达出来的信息，但理解的基础是心理疏导主体充分地了解客体所处的真实环境与其经历遭遇、心理状态，这样才能更加准确地理解其心理问题与行为。“学生来咨询，找答案不一定是最终目的，往往寻求被聆听、理解的机会才是最终目的。”[①] 理解与尊重是“人文关怀”在心理疏导中的重要体现，也是民主和谐氛围的重要基石。

第四，助人与自助相结合的原则。助人与自助相结合的原则包括两层含义。其一，心理疏导主体作为疏通引导中的整体把控者，其目的就是要引导大学生进行真实的自我表达，进而挖掘其心理潜能，帮助其找到问题，进而分析问题、解决问题，在这个过程中要充分激发心理疏导客体的主观能动性；其二，心理疏导客体，即大学生，也需要在老师的帮助下提升心理调节能力，例如发现与处理心理问题的能力、自我判断的能力、表达与沟通的能力等。大学生在未来遇到可以自己处理的心理问题时，就可以有效发挥自身能力来进行心理调适，帮助自己调整心态。在坚持助人与自助相结合的原则时，有几点需要留意。第一，心理疏导者要选取合适的时机，启发心理疏导客体，寻找双方共同关注的焦点以及客体接受度高的方式，依据客体在沟通交流时的反应灵活地调整疏导目标，要确保学生能够充分发挥自身主观能动性；第二，大学生要形成自助思维，要学会主动解决自身问题，不可过分依赖心理疏导，只有学会自我调节，才可以更快、更独立地成长。

五　心理疏导的作用

第一，有利于排解大学生的不良情绪，促进认知发展。“心理疏导”往往被认为是社会矛盾的“泄压阀”。合理的心理疏导，及时的情绪排解，可以帮助学生改善心理状态，扔掉负能量。当下社会环境存在信息爆炸、文化多样、价值多元的情况，作为价值观刚趋于成型的大学生来说，多元的社会环境既是“蜜糖”，也是“慢性腐化剂”，社会多元思潮中夹杂的诸如利己主义、拜金主义、功利主义等思想通过各类新媒体、互联网潜移默化地影响着大学生的价值导向。在社会外部环境和自身心理变化的双重作用下，极易产生各种因素交织、不易察觉或突发性、多变性的心理障碍或心理危机，而心理问题的“种子”一旦种下，就极容易在将来某个时刻，诱使学生“剑走偏锋”。现代心理学认为，情绪宣泄是人们获得精神健康的重要“营养素”，心理疏导则给予了高校学生排解不良情绪的机遇、平台和科

---

① 东方：《心理咨询：大学生思想教育的好形式》，《中国高等教育》2000 年第 18 期。

学专业的指导，在心理疏导中，以共情和移情为媒介，使大学生感受到理解、包容和关怀，可以帮助其排解心中愤懑、委屈、仇恨等消极情绪，给予情感抚慰和心理支持，也有助于高校学生化解不良情绪，恢复心理平衡。大学阶段的同学在面对由于环境变化而带来的心态转变、学业压力、人际交往困扰以及即将步入社会所面临的择业、升学等问题时，焦虑、抑郁、自卑等情绪及心理问题如果处理不当，很容易导致心理困惑或心态失衡乃至心理障碍，由此可见心理疏导在职业教育中的必要性。人们对事物的理解也决定着人们对事物的情绪及态度，反过来，在某一事物上引导受教育者形成健康积极的心理，也可以促进受教育者的认知发展，在人的思想品德结构中，知情意行四个心理要素是相互作用的。因此，职业教育中心理疏导的作用也体现在通过教育对象的思想道德认识、情感和意志来调节其行为倾向。

第二，有利于引导大学生树立正确的价值观。价值观是基于一定的思维感官之上而做出的认知、理解、判断或抉择，也就是人认定事物、辨定是非的一种思维或取向，价值观一旦形成，具有稳定性和持久性。高校大学生正处于价值观成形的重要时期，因而引导其树立正确、积极的价值观是非常重要的。此外，价值观具有选择性与主观性，18~24 岁的大学生正处于生理学上的成年初显期，这一阶段人的自我意识与主体观念、价值观念逐渐成熟、定型。如果在这一阶段的职业教育可以呈现多样性，富有亲和力且尊重学生的主体地位，则有利于引导学生树立正确的价值观念，这对学生未来发展，为培育合格的社会主义接班人具有重大意义。

价值观的形成受外部环境与内在心理两方面影响，人是社会关系的总和，外部的环境与人之间的相互作用是伴随一生的，因而不同的环境造就不同的个性与价值观念，在文化多元化、思潮多元化、价值观多元化的社会外部环境下，必然会导致大学生价值观念的复杂多样，传统的教育存在教师主导、理论灌输、内容僵化与缺乏针对性等弊端，已经不再适用于新时代的大学生们，如何提高职业教育的实效性与科学性，已经成为现阶段要广泛关注的问题，想要贴近大学生，春风化雨地拉近与大学生的距离，建立深层次的教育和引导机制是必不可少的。一方面，心理疏导以心理学、人文教育相关专业理论为依托，尊重学生心理发展规律，以解决大学生的心理困惑与心理问题为出发点来引导学生树立正确的价值观念，提高其心理健康水平。另一方面，心理疏导所选取的技巧和方式方法，能够有效疏导高校学生在思想认识和心理方面存在的问题，引导大学生形成正确的情感反应与行为模式，从而强化职业教育。能够在民主、和谐的氛围内谈心，可以更加准确地把握高校大学生不健康心理及价值观歪曲等问题的症结所在，准确地了解导致大学生出现思想困惑、精神低迷、价值观歪曲的真实心理原因，从而方便心理疏导主体对客体的进一步疏通、引导，帮助其树立正确的价值观念。

第三，为改善大学生不健康的心理状态提供心理支持。心理学研究表明，个体遭遇发展困境时，来自亲属、朋友、社会团体和社会方面的精神与物质扶助可以有效提升其心理应激能力。若没有精神与物质层面的支持，个体挫败情绪会显著增加，从而产生忧郁、悲哀的心态，甚至可能发展为对社会的敌对、排斥心理。当前社会中的多种问题导致越来越多心理问题的出现，遭受精神压力与心理压力的人也越来越多，心理疏导作为职业教育中能够针对心理困惑、心理问题提供相应心理关怀与相对专业的处理途径的重要方法，其特有的交互性、共情性等特点，都可以对受教育者进行心理上的安抚与疏导，这对改善大学生不健康的心理状态是一种支持。

第四，帮助大学生塑造良好人格。2015 年中共中央办公厅、国务院办公厅印发的《关于进一步加强和改进新形势下高校宣传思想工作的意见》中指出，新形势下的职业教育工作要坚持育人为本，德育为先。此外，习近平总书记指出："同时要加大对学生的认知规律和接受特点的研究，发挥学生主体性作用。要坚持灌输性和启发性相统一，注重启发性教育，引导学生发现问题、分析问题、思考问题，在不断启发中让学生水到渠成得出结论。要坚持显性教育和隐性教育相统一，挖掘其他课程和教学方式中蕴含的思想政治教育资源，实现全员全程全方位育人。"①

新形势下的人文教育已经逐渐看到"人"，即教育对象这一客体在职业教育中的主导地位，也逐渐从过往刻板、僵化、教师主导走向尊重学生主体性，同时，自党的十七大提出"人文关怀"这一概念后，学术界开始重视对于高校大学生人格的养成。立德树人是高校职业教育的根本任务，人格塑造是检验德育工作的重要标准，缺少健全的人格作地基，就建不起政

---

① 《习近平谈治国理政》第 3 卷，外文出版社，2020，第 331 页。

治素养与道德品质的高楼大厦。塑造健全人格不仅是现代教育的主要目标，更是高校职业教育的重要任务。

此外，人格是个体对人、对事、对己等方面的社会适应及行为上的内部倾向性与心理特征，表现为能力、气质、性格、需要、动机、兴趣、理想、价值观和体质等方面的整合，是动态、一致、连续的自我，是个体在社会化过程中形成的独特的心身组织。可以说，人格在很大程度上影响着在面对外部环境与各类信息时所产生的反应，也会影响人的身心健康水平、心理潜能的开发与社会适应性的高低。高校大学生出现思想政治问题时，其内因可能不是单纯的思想问题，还可能是心理潜意识在思想层面的折射。心理疏导就是遵循心理活动与发展的规律，对学生的情绪、感知、意志、行为进行疏导，同时重视外在环境对学生心理与思想的影响，综合多方面因素，塑造学生健全的人格。心理疏导可以充分关注到学生的内在心理需求，并予以支持，这非常有利于促进学生健全人格的良好发展。

第三章　高职院校学生认知现状调查

第一节　高职院校学生认知现状调查问卷

一　研究目的与对象

（一）研究目的

此次研究的目的在于了解当前大学生职业教育认知的现状，个体的心理及大学生职业教育认知存在的问题。

（二）研究对象

本次研究发放问卷的对象主要是大一到大三的学生。

二　研究方法与实施

本书首先根据余继等学者在《学习空间对大学生认知和非认知能力的影响——基于学生学习视角的实证研究》① 中采用的专业标准化量表进行问卷编写，并发放问卷，设计问卷量表，符合科学依据。

其次，借用“问卷星”平台对样本进行线上的匿名调查，本次调查共发放问卷 2792 份，剔除无效问卷（回答时间在 30 秒以内的问卷视为无效问卷）后，共收集到 2784 份有效问卷，问卷回收率为 99.7%。

最后，对收集到的数据进行多种统计方法处理，分析当前大学生的认知现状及其特点。

---

① 余继、闵维方：《学习空间对大学生认知和非认知能力的影响——基于学生学习视角的实证研究》，《现代远程教育研究》2018 年第 6 期。

三　数据处理

研究利用 SPSS 25.0 、AMOS 24.0 和 Excel 等软件对所收集的有效数据进行处理，使用的统计方法包括信效度检验、描述性分析、方差分析、回归分析及 LSD 多重比较法等。

第二节　高职院校学生认知现状调查分析

一　信效度检验

（一）信度分析

信度（Reliability）即可靠性，它是指采用同样的方法对同一对象重复测量时所得结果的一致性程度。信度指标多以相关系数表示，大致可分为三类：稳定系数（跨时间的一致性），等值系数（跨形式的一致性），内在一致性系数（跨项目的一致性）。Cronbach's alpha 系数是最常用的信度系数，总量表的信度系数最好在 0.8 以上，0.7~0.8 可以接受；分量表的信度系数最好在 0.7 以上，0.6~0.7 可以接受。Cronbach's alpha 系数如果在 0.6 以下就要考虑重新编写问卷。根据统计软件进行信度分析，统计结果如表 3-1 所示，问卷量表信度系数为 0.988 和 0.943，具有可接受的可信程度，说明问卷整体稳定可靠。

表 3-1　整体问卷数据信度分析

项目	Cronbach's alpha	基于标准化项的 Cronbach's alpha	项数
问卷-6	0.988	0.988	20
问卷-9	0.943	0.943	3

（二）效度分析

效度分析指尺度量表达到测量指标准确程度的分析。效度分析的方法很多，传播研究中经常使用的是项目分析法、独立效标测度效度分析法和因素分析法。项目分析法主要是测度量表中的各种项目的难度和辨别度，以选择难易适中、鉴别度较高的量表为有效量表。独立效标测度分析法主要以某种独立效度作为效度分析的准则和依据，每一个量表的项目均与此独立效标作相关分析。没有达到显著程度的为无效项目，达到显著程度的，为有效量表。效度越高，表示问卷的准确性越高，通过 SPSS 统计软件，运用因素分析法对问卷的效度进行 KMO 检验和 Bartlett 的球形检验，统计结果如表 3-2、表 3-3 所示，问卷 KMO 的检验值为 0.983 和 0.773，KMO 大于 0.7，Bartlett 的球形检验显著性为 0，说明问卷数据具有良好的效度和稳定性。

表 3-2　问卷-6 KMO 检验和 Bartlett 的球形检验

KMO 取样适切性量数		0.983
Bartlett 的球形检验	近似卡方	89661.882
	自由度	190
	显著性	0***

表 3-3　问卷-9KMO 检验和 Bartlett 的球形检验

KMO 取样适切性量数		0.773
Bartlett 的球形检验	近似卡方	7691.136
	自由度	3
	显著性	0***

二　样本属性描述统计分析

（一）人口学变量描述统计分析

由表 3-4 可知，该研究调查人群年级集中在大一到大三，平均每天使用智能手机、互联网、社交媒介等的时间大多集中在 3~6 小时，使用时间较长，被调查人群大多认为自己的自主学习能力一般，占比达 54.49%。

表 3-4 人口学变量描述统计分析

名称	选项	频数	百分比（%）	累计百分比（%）
1. 您的性别：	女	1815	65.194	65.194
	男	969	34.806	100
2. 您的年级是	大一	1599	57.435	57.435
	大二	872	31.322	88.757
	大三	313	11.243	100
4. 您平均每天使用智能手机、互联网、社交媒介等的时间是	C. 3~6 小时	1049	37.68	37.68
	D. >6 小时	835	29.993	67.672
	B. 1~3 小时	669	24.03	91.703
	A. <1 小时	231	8.297	100
10. 您认为自己的自主学习能力如何？	C. 一般	1517	54.49	54.49
	B. 较强	588	21.121	75.611
	A. 很强	463	16.631	92.241
	E. 较差	147	5.28	97.522
	F. 差	69	2.478	100
合计		2784	100.000	100.000

（二）多重响应分析

由表 3-5 可知，被调查人群平时主要是通过微信来获取信息（响应率达 25.5%），其次是通过抖音来获取信息（响应率达 18%），说明被调查人群获取信息的方式已经从传统的“课堂上老师的讲述”转变为了“微信、抖音”这类网络社交平台。

表 3-5 平时通过哪些途径获取信息

多选题题项	N（计数）	响应率（%）	普及率（%）	χ^2	P
微信	2598	25.500	93.300	2585.618	0***
QQ	1034	10.200	37.100		
微博	1059	10.400	38.000		
抖音	1829	18.000	65.700		

续表

多选题题项	N（计数）	响应率（%）	普及率（%）	χ^2	P
广播电视	419	4.100	15.100	2585.618	0***
书籍	669	6.600	24.000		
课堂上老师的讲述	1167	11.500	41.900		
身边的人	1410	13.800	50.600		
总计	10185	100.000	365.841		

注：***、**、*分别代表1%、5%、10%的显著性水平。

由表3-6可知，被调查人群认为抖音吸引人的原因主要是“内容丰富，形式多样”（响应率达21.1%），其次是“能够拍摄视频，记录生活”（响应率达18.6%），说明被调查人群的思维趋向平面化、直观化。

表3-6　您认为抖音吸引人的原因是什么

多选题题项	N（计数）	响应率（%）	普及率（%）	χ^2	P
能够拍摄视频，记录生活	1634	18.600	58.700	1484.568	0***
可以消磨时间	1362	15.500	48.900		
内容丰富，形式多样	1848	21.100	66.400		
不知道下一个视频是什么，想继续看下去	710	8.100	25.500		
操作简单	661	7.500	23.700		
可以学习一些技能	1191	13.600	42.800		
可以满足内心需求	732	8.400	26.300		
其他	626	7.100	22.500		
总计	8764	100.000	314.799		

注：***、**、*分别代表1%、5%、10%的显著性水平。

由表3-7可知，被调查人群认为职业教育存在的主要问题是“教学内容单一、缺乏创新”（响应率达33.1%），其次是“教学方式传统”（响应率达17.4%），说明教育过程中重职业技能培养，对人文育人关注不足，课堂教学主渠道作用未能充分发挥，实践育人形式不丰富、效果不明显，环境的育人功能未能充分发挥，存在职业教育隐性教育资源开发不足的情况。

表 3-7　您认为职业教育存在的主要问题有哪些

多选题题项	N（计数）	响应率（%）	普及率（%）	χ^2	P
教学内容单一、缺乏创新	2370	33.1	85.200	244.228	0***
教学方式传统	1240	17.400	44.500		
教育载体建设不足	752	10.500	27.000		
校园文化建设不足	996	13.900	35.800		
实践育人形式不丰富	765	10.700	27.500		
其他	1021	14.300	36.700		
总计	7144	100.000	256.609		

注：***、**、*分别代表1%、5%、10%的显著性水平。

由表3-8可知，被调查人群认为认知的主要目的是“自我提升需要”（响应率达32.3%），其次是“未来工作需要”（响应率达29.2%），说明被调查人群的认知水平不齐且认知行为的目的性尤为突出。

表 3-8　您认为认知的目的是什么

多选题题项	N（计数）	响应率（%）	普及率（%）	χ^2	P
未来工作需要	2178	29.200	78.200	807.49	0***
社交需要	2044	27.400	73.400		
自我提升需要	2414	32.300	86.700		
其他	828	11.100	29.700		
总计	7464	100.000	268.103		

注：***、**、*分别代表1%、5%、10%的显著性水平。

由表3-9可知，被调查人群认为自主学习中遇到的最大阻碍是“容易受手机或旁人的干扰”“难以有毅力长期坚持”（响应率均达18.3%），其次是“时间不足或分配不合理”（响应率达18%），说明高职学生学习容易受到来自外界的影响，自主性较弱。

表 3-9 您认为自主学习中遇到的最大阻碍

多选题题项	N（计数）	响应率（%）	普及率（%）	χ^2	P
知识内容难懂	1218	18.000	43.800	150.439	0***
校园学习环境浮躁	1080	16.000	38.800		
容易受手机或旁人的干扰	1238	18.300	44.500		
时间不足或分配不合理	1219	18.000	43.800		
难以有毅力长期坚持	1238	18.300	44.500		
其他	772	11.400	27.700		
总计	6765	100.000	242.996		

注：***、**、*分别代表 1%、5%、10%的显著性水平。

（三）认知现状量表分析

由表 3-10“对于高职院校实践教育的认识”描述统计可知，最大值为60，最小值为 20，变异系数为 0.342，说明处于中等变异性，学生对于高职院校实践教育的认识程度较为分散，中位数为 27，说明学生对于高职院校实践教育的认识程度普遍偏低。

表 3-10 对于高职院校实践教育的认识

变量名	样本量	最大值	最小值	平均值	标准差	中位数	方差	峰度	偏度	变异系数
对于高职院校实践教育的认识	2784	60	20	30.036	10.263	27	105.327	-0.798	0.476	0.342

由图 3-1 可以看出，箱型图长度较长，说明数据分散程度较高，且50%中位数处于较低水平，说明被调查人群对于高职院校实践教育的认识程度普遍偏低。

三 影响因素分析

（一）事后 LSD 检验

（1）性别影响因素。方差分析的结果显示，对于变量学习状况得分，

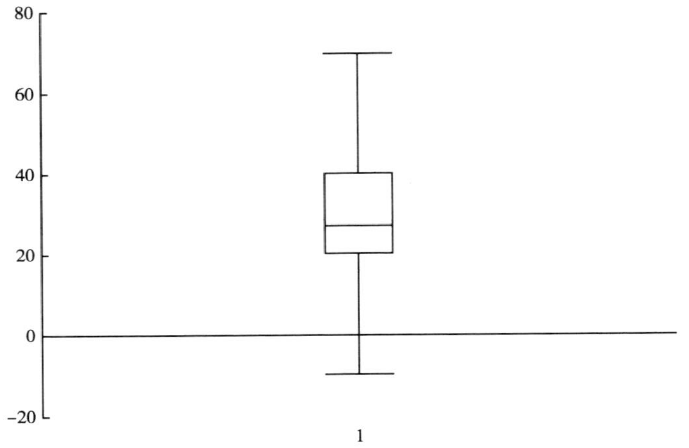

图 3-1　对于高职院校实践教育的认识

显著性 P 值为 0，水平上呈现显著性，拒绝原假设，说明变量学习状况得分在性别之间存在显著性差异，需要进行事后多重比较；方差分析的结果显示，对于变量“对于高职院校实践教育的认识”，显著性 P 值为 0，水平上呈现显著性，拒绝原假设，说明变量对于高职院校实践教育的认识在性别之间存在显著性差异，需要进行事后多重比较（见表 3-11）。

表 3-11　性别因素方差分析结果

变量名	变量值	样本量	平均值	标准差	F	P
学习状况得分	女	1815	4.967	1.576	14.962	0**
	男	969	4.529	1.652		
	合计	2784	4.815	1.616		
对于高职院校实践教育的认识	女	1815	30.558	9.84	51.86	0***
	男	969	29.057	10.95		
	合计	2784	30.036	10.263		

使用 LSD 方法的事后多重比较的结果显示：对于变量“对于高职院校实践教育的认识”，均值大小排序为：女>男。其中女性与男性存在显著性差异。对于变量学习状况得分，均值大小排序为：女>男。其中女性与男性存在显著性差异（见表 3-12）。

表 3-12　性别因素事后 LSD 分析

	(I) 名称	(J) 名称	(I) 平均值	(J) 平均值	差值 (I-J)	P
对于高职院校实践教育的认识	女	男	30.558	29.057	1.501	0***
学习状况得分	女	男	4.967	4.529	0.438	0***

（2）年级影响因素。方差分析的结果显示，对于变量学习状况得分，显著性 P 值为 0.052，水平上不呈现显著性，不能拒绝原假设，说明变量学习状况得分在年级之间不存在显著性差异，可以不进行事后多重比较；方差分析的结果显示，对于变量“对于高职院校实践教育的认识”，显著性 P 值为 0，水平上呈现显著性，拒绝原假设，说明变量“对于高职院校实践教育的认识”在年级之间存在显著性差异，需要进行事后多重比较（见表 3-13）。

表 3-13　年级因素方差分析结果

变量名	变量值	样本量	平均值	标准差	F	P
学习状况得分	大一	1599	4.912	1.597	2.965	0.052
	大三	313	4.639	1.659		
	大二	872	4.698	1.625		
	合计	2784	4.815	1.616		
对于高职院校实践教育的认识	大一	1599	30.41	10.12	9.306	0***
	大三	313	29.748	10.627		
	大二	872	29.452	10.37		
	合计	2784	30.036	10.263		

使用 LSD 方法的事后多重比较的结果显示：对于变量“对于高职院校实践教育的认识”，均值大小排序为：大一>大三>大二。其中大三与大二存在显著性差异。对于变量学习状况得分，均值大小排序为：大一>大二>大三。其中大一与大三、大三与大二存在显著性差异。说明认知载体离散并且缺乏整体性（见表 3-14）。

表 3-14 年级因素事后 LSD 分析

	(I) 名称	(J) 名称	(I) 平均值	(J) 平均值	差值 (I-J)	P
对于高职院校实践教育的认识	大一	大三	30.41	29.748	0.663	0.294
	大一	大二	30.41	29.452	0.958	0.667
	大三	大二	29.748	29.452	0.296	0.026**
学习状况得分	大一	大三	4.912	4.639	0.273	0.006***
	大一	大二	4.912	4.698	0.214	0.581
	大三	大二	4.639	4.698	-0.059	0.002***

(二) 影响因素回归分析

表 3-15 的 F 检验的结果分析可以得到，显著性 P 值为 0，水平上呈现显著性，拒绝回归系数为 0 的原假设，因此模型基本满足要求。对于变量共线性表现，VIF 全部小于 10，因此模型没有多重共线性问题，模型构建良好。模型的公式如下：y=22.398+0.979×性别-0.354×年级+2.565×自主学习能力（见表 3-15）。

表 3-15 对于高职院校实践教育认识的回归分析结果

线性回归分析结果 n=2784									
	非标准化系数		标准化系数	t	P	VIF	R^2	调整 R^2	F
	B	标准误	Beta						
常数	22.398	0.942	-	23.775	0***	-	0.057	0.056	F=56.456 P=0***
1. 您的性别	0.979	0.399	0.045	2.456	0.014**	1.011			
2. 您的年级是	-0.354	0.275	-0.024	-1.286	0.199	1.002			
10. 您认为自己的自主学习能力如何?	2.565	0.208	0.228	12.315	0***	1.013			
因变量：对于高职院校实践教育的认识									

注：***、**、*分别代表 1%、5%、10%的显著性水平。

说明高职院校实践教育认识与性别、自认为的自主学习能力呈正相关关系，具体表现为：女生认识程度更高、自主学习能力更强的同学认识程度更高；与年级呈负相关关系，具体表现为：大一的同学认识程度更高。

表 3-16 的 F 检验的结果分析可以得到，显著性 P 值为 0，水平上呈现显著性，拒绝回归系数为 0 的原假设，因此模型基本满足要求。对于变量共线性表现，VIF 全部小于 10，因此模型没有多重共线性问题，模型构建良好。模型的公式如下：y=3.09+0.327×性别-0.123×年级是+0.537×自主学习能力。

说明高职院校学生学习状况与性别、自认为的自主学习能力呈正相关关系，具体表现为：女生学习状况更好、自主学习能力强的同学学习状况更好；与年级呈负相关关系，具体表现为：大一的同学学习状况更好。

表 3-16　对于高职院校学习状况的回归分析结果

线性回归分析结果 n=2784									
	非标准化系数		标准化系数	t	P	VIF	R^2	调整 R^2	F
	B	标准误	Beta						
常数	3.09	0.144	-	21.461	0***	-	0.112	0.111	F=116.705 P=0***
1. 您的性别：	0.327	0.061	0.096	5.364	0***	1.011			
2. 您的年级是	-0.123	0.042	-0.053	-2.936	0.003***	1.002			
10. 您认为自己的自主学习能力如何？	0.537	0.032	0.303	16.865	0***	1.013			
因变量：学习状况得分									

注：***、**、*分别代表 1%、5%、10%的显著性水平。

第三节　高职院校学生认知的特点

高职院校面临着诸多困境，其核心是高职院校学生在认知方面具有特殊性：认知水平不齐，认知行为的目的性更加突出，信息接收方式及习惯发生改变，思维趋向平面化、直观化。

一　认知水平不齐

认知水平是人脑反映客观事物的特征和联系、揭示事物对人的意义和作用的能力。[①] 也可以理解为信息加工过程和信息应用过程中信息的输入、编码、存储、提取、输出的能力。高职学生认知水平不齐的具体表现在感知能力、记忆能力、想象能力、逻辑思维能力、问题解决能力等方面。

（一）感知能力

高职学生的感知能力良好，基于这一点，很多教育者，在感知层面来刺激学生产生需求，掌握新的知识。但是马克思主义认知论告诉我们，认识过程经历了两次飞跃：第一次飞跃是由感性认识上升到理性认识；第二次飞跃是由理性认识回到实践。感性认识最终要飞跃为理性认识，也就是发现事物的本质、特点、规律、联系，目标是要飞跃为理性认识。在认识的飞跃过程中，有的高职学生的感知能力弱表现在转换升级上。

（二）记忆能力

记忆能力是个体最基本的能力，也是一个人智商的重要组成部分，因为无论是外在的感觉刺激，还是选择注意，最终都要把认知客体记忆在大脑深处，以长时记忆的形式存储，以备调取。多数高职学生是能够记住知识的，但是记忆耗时长，调取速度慢，或者有的储存在大脑里不提取；也有少部分高职学生，不是智商的原因，出于主观意志的原因，放弃自己，不配合教育者，展现的结果是没有对知识进行记忆，这是在实际的教育工作中需要鉴别的。

（三）想象能力

想象是一种特殊的思维形式，想象能力是人生而有之的能力。想象能力是需要保护和提升的重要能力之一，因为它能产生创意。有的高职学生在基础教育阶段阅读量少，阅读量是提升想象力的一种有效方法，有的高职学生拥有很好的想象能力，但是在用的方向上发生偏差。想象能力用在

① 杨治良、郝兴昌主编《心理学辞典》，上海辞书出版社，2016，第 260 页。

哪里、怎么用、用多大程度都值得思考，有的学生把想象力耗费在“白日梦”中，是一种巨大的资源浪费。在实际教学中，教育者需要把一些学生从“白日梦”中引导出来，引导学生把想象力用在记忆、联想方面，用在判断和问题的解决上。想象能力和思维有着密切的联系，能够由已知推出未知，预测未来。

（四）逻辑思维能力

逻辑思维能力是一个人最重要的能力，是认知能力的核心。在解决问题的时候，有的高职学生，在意识层面、学习层面、实践层面不能呈现完整的、系统的、清晰的逻辑思维能力。有的高职学生逻辑思维能力弱，在事物的判断和决策上以感性为主。感性的学生容易被情绪和情感左右，逻辑思维能力是能够让人理性客观分析客观事实的，感性与理性在决策中的占比是因人而异的。

（五）问题解决能力

解决问题的能力是一项核心的能力，事实上从发现问题、描述问题、分析问题，到提出解决问题的方案、实施方案、调整方案、评估方案需要多种能力的综合运用。有的高职学生在感觉、记忆、想象、思维等方面的认知能力较弱，不能够把已有的知识迁移运用到新的情境中，因此综合性解决问题的能力偏弱。有的高职学生发散思维能力强，多数时候能举一反三，迁移运用能力强，但是在方向和条理方面缺少聚合思维。随着科技的进步，知识更新的速度变快，周期变短；随着互联网大数据的发展，知识的检索也变得方便，未来需要的是分析和解决问题能力强的学生，特别是能够用创新性思维解决问题的人才。有的高职学生用技能解决问题的能力较强。《全国职业院校学情调查报告》指出：“80%的高职学生认为在熟练的操作技能上获得较大提高或极大提高。”“在学习迁移能力、创新能力……熟练运用信息技术、解决现实中的复杂问题、自主学习能力、书面表达能力等方面，约75%的高职学生认为获得较大提高或极大提高。”①

---

① 《全国职业院校学情调查报告发布：多数学生学习心理积极乐观》，《中国教育报》2020年9月16日，第4版。

二　认知行为的目的性更加突出

高职学生在大学期间接受教育是一个意义赋予的过程，是在理解基础上把知识存储于长时记忆中，在新的知识和学生原有的认知结构之间建立起实质性和非随意性的联系，也就是构建认知结构的过程。当代大学生处于物质丰富的时代，受市场经济投入与收益等经济思想的影响，用功利性来衡量事物的意义和价值；当代高职学生的自主意识明显增强，当获取的信息具有多样性或者信息矛盾的时候，高职学生趋向于用自己的信息加工方式来理解，自我判断不受权威影响，更倾向于来自内容自身的认知方式，勇于尝试、实践，认知事物的独立性提升，认知行为的目的性更加突出。其一，学习目标趋向功利性，进入大学，他们更多的是探索世界，如参加社团组织是为了丰富大学阅历、积累大学人脉资源、提升自己与他人合作的能力和人际沟通能力；选取课程时，更多的是考虑强化知识体系或者易于拿够学分，不管出于何种目标，其积极主动性明显提升，强调实用性。“高职学生也不同程度地存在思想认知和行为规范脱节的现象，价值观多元化趋势明显，功利性行为增多，比如只注重对就业和升本有利的学习和活动……将‘经济收入高’和‘工作条件好’作为择业首选标准。”① 有大学生用“有用”“没用”来衡量学科的价值。其二，我国招生政策和就业形势的变化，增加了高职学生的就业压力，很容易导致其将行为的结果与物质利益的变化相联系，具体表现是行为的功利性提升，认知行为的目的性增强，在理想、信念方面弱化。其三，有的学生将满足更多的物欲作为认知的人生目标和人生动力。人生的意义与价值被商品物质价值所遮盖。

三　信息接收方式及习惯发生改变

传统的职业教育主要通过讲授、交流、广播、电视、期刊、报纸等大众媒体进行，信息的来源渠道比较单一。新时代带来新变化，首先，学生的信息接收方式改变，如今在信息化时代信息的传播速度快且更具有冲击力，信息在内容方面包罗万象，在数量方面呈几何级数爆炸式增长，受众

---

① 赵锋、邹忠：《基于高职学生特点创新思想教育模式的若干思考》，《思想教育研究》2017年第6期。

淹没于信息海洋中，因为受众的时间和精力有限，所以就需要用一种有效的方式来掌握海量信息，利用碎片化、浅阅读和视频化的方式来获得更多的信息，之后从这些信息中选择一部分认为对自己有用的再去进行深入的阅读。其次，学生习惯于接受数字信息。调查数据显示，“归纳总结后发现，受访学生中使用网络获取外界信息的占比高达 89.4%，有半数学生每天上网时长超过 6 小时，在网络信息传播中有 63%的学生喜欢视频和图像类的形式”[①]，该数据显示了学生主要通过网络获取信息，注意力也被网络信息吸引，信息成为资源。例如，学生也习惯于用手机、网络检索信息。最后，学生原来获取信息的主要方式是文字方式，而如今学生更喜欢接受短视频、音频，原来以语言为主的信息加工方式，现在习惯于对动态简短的视频、图片、声音进行信息加工。互联网和抖音等 App 也开始吸引学生的注意力。综上，由于信息爆炸，学生信息接收方式改变，学生习惯于接受短视频、音频、浅阅读、碎片化的知识和信息，习惯发生改变。

四　思维趋向平面化、直观化

首先，思维趋向平面化，具体表现为一维线性思维、二维平面思维。在高职学生中，有的学生是一维线性思维，有的学生是二维平面思维。一维线性思维，其思维在一条纵向的直线上，有时间维度，但是在抉择的时候，要么前进，要么后退，缺乏灵活性；二维平面思维优于一维线性思维，可以从不同方面去说明问题的中心，是思维的进步，这种思维能够认知某一方面的全面性，但是对于对象整体的全面反映还有欠缺。思维只有进入立体思维的时候，对事物对象的反映才具有整体性。其次，从信息处理的角度来说，人类的记忆、经历是靠大脑神经元连接的，如果习惯利用电脑、手机强大的储存和处理能力来取代人脑对信息进行记忆、剪辑、组织、整理和调取，一定程度上会降低人们对信息的处理能力，弱化了对原有经验的广泛联想和原有知识点的激活，也使得思维趋向平面化、浅显化和直观化。

---

① 刘业伟、张春阳：《网络时代视觉艺术对高职学生思想政治教育的靶向作用》，《职业技术教育》2019 年第 23 期。

第四节　高职院校职业教育认知存在的问题

百年回眸，1905年废除了我国千百年来的人才选拔制度，从此也开启了学习日本、西方的教育之路；新中国成立后，模仿苏联的教育模式；改革开放后，我国教育与国际接轨，学习西方的教育模式。在摒弃科技落后的道路上，百年荣辱、百年艰辛、百年奋进。

我国如今在经济和科技方面，已然取得了巨大的成就，但离峰顶还有一步之遥，这一步之遥是文化和创新的距离。文化是一个国家价值观念、思维、生活方式的凝结，是一个国家在思想上、道德上的精神支柱。这一步之遥也是创新的距离，实现制造强国的战略目标，其中有一项重要的指标就是创新。高职学生是政治的坚定者、思想的践行者、文化的坚守者、美德的拥有者，是我国未来工业4.0的重要建设者。美好愿景的实现，需要解决期待与实际之间的矛盾，清楚地了解高职院校学生职业教育认知的现状，清除障碍，用高职院校学生职业教育认知理论解决实际存在的新问题，培养高职学生的认知能力，整合资源，设计一条可以从现状通向目标的途径，培养德技双馨的人才。

一　重职业技能培养，人文关注不足

高职院校是我国实现制造强国战略目标的有力支撑，校企合作理念得到了一以贯之的执行。高职院校重视学生的职业技能培养，有系统的方法。但是高职院校在职业教育育人方法及实践等方面还不够完善、不够系统，具有滞后性，未能与当前的环境融合发展。高职院校把工作重点放在立竿见影的职业技能培养上，而对于道德、思想等需要慢功夫的精神层面投入不足。职业教育作用于人的价值观，规范人的职业道德，影响人格的形成，是一个长期的、潜移默化地影响人思想的渐进过程，具有引领性。高职院校管理层对学生职业技能的培养较为重视，但是对于职业教育育人方式方法等方面的研究与推广不够，投入不足，德技双修在实际教育过程中的落实有待进一步推进。

二　课堂教学主渠道作用未能充分发挥

高职院校职业教育理论课教学中以教育者为中心，教育者缺乏对学情的深入了解，高职学生自主意识较强、个性化明显。有很多教育者依然站在主体地位，居高临下，职业教育工作有效性弱化。职业教育理论课模式陈旧，采用传统的教学模式，单向灌输为主的方式忽视了学生的主体地位，传统单一灌输式的教学模式在一定程度上已经很难适应高职学生自身的需求和社会发展的需要，一些高职学生对高校职业教育理论课表现出冷漠、厌倦、反感甚至是逆反心理，从而导致教育效果不佳、教学启发性不足。职业教育理论课方法缺乏灵活性和创新性，教育者在课堂上常规使用灌输式、参与式、研究式、案例式等方法，随着学情的变化和现代教学手段的发展，职业教育理论课方法没能跟上时代发展而调整和创新。

高职院校理论课程相对较多，且生活化程度低，对于本科学生来说，他们已经具有很好的抽象思维能力，能够消化理论知识，而高职学生认知具有具象化风格，也就是在认知的层级处于感官阶段，对于视觉的、声音的、操作的刺激比较敏感，抽象思维能力弱，理论理解有难度。职业教育重视传授理论知识，但在适应社会要求而传授给学生如何甄别、理解、运用知识，以培养学生认知能力、创造能力、合作能力、批判精神方面未能发挥明显作用。学生样态发生变化，社会要求发生变化，高等职业教育课堂教学的理念、模式、方法却变化不大，未能与时俱进地充分发挥主渠道作用。

三　实践育人形式不丰富、效果不明显

高职院校职业教育注重实践教育。职业教育的理论价值是解释世界的，而职业教育实践价值是改变世界的，理论是蕴含在实践中的，职业教育实践活动少导致大部分高职学生很难生成对理论更深刻的理解。学生因此就很难理解职业教育的实用性，无法运用职业教育理论指导真实的社会实践。职业教育的浸润是通过实践活动、身体体验、情感交流与涤荡、思想的升华等方面体现的，职业教育如果把理论与实践分开来，忽视实践，将会出现学生“知而不行”“情理不融”的现象。因为根据具身理论，人的感觉器官、身体与大脑是紧密联系的，理性思维能力弱但操作性强是高职学生的

优势，所以在实际的职业教育工作中协同教育、知行合一是必要的。根据高职学生的特点，理论一定要与实践结合起来，而且实践给学生带来的感受性、具身性更为明显，学生认知也就更深刻。

知行合一是由明代王阳明提出的哲学思想。习近平总书记也多次强调“知行合一”，他曾指出：“知”是基础、是前提，“行”是重点、是关键，必须以“知”促“行”，以“行”促“知”，做到知行合一，[①]“知”是逻辑起点，是意识性的，存在于个体的头脑中，再有价值的知识如果不被高职学生注意，那对于能够掌握和运用知识来说也是空谈。被选择性注意、被存储为长时记忆、被提取、被用于决策，这是一个“知”的心理过程；而“行”主要是运动神经系统参与的肢体的运动，操作、实践、运动、流动、参观、经历等是具有“行”的意义的词语。“知”和“行”合一体现了把思想转化为行动。高职院校学生职业教育认知中实践育人形式不丰富、实践活动少，效果不明显，与新时代高职学生的特点不相符。

四　职业教育隐性教育资源开发不足

隐性职业教育即指以不被人注意和觉察的方式融入学校的人文、校园环境及学生日常学习生活中，间接作用于被教育者的教育形式及内容，具体涵盖校风、校史、校容、校制及校园文体活动等。隐性职业教育作为一种相对新型的教育方式，其具有实践的潜隐性、内容的整体性和实现的长期性的特点。高职院校在我国受到的重视程度不够，在高职院校内隐性职业教育还没有形成一种浓厚的氛围。

首先，各类课程中的隐性职业教育资源有待进一步挖掘，教育者的自身垂范作用有待充分开发和利用，高职院校互联网教育平台建设与现实需要存在差距。其次，职业教育网站建设未能与时俱进。校园文化建设流于表面、网络载体开发不够，职业教育网站建设还是以理论性较强的文字形式为主，新媒体运用不足，不能很好地利用网络载体的特点，难以以网络载体为依托，开展富有特色的、足够吸引人的隐性职业教育。具体表现为物质环境文化内涵不足，文化环境人文精神欠缺。最后，这就需要高职院

① 《习近平关于党的群众路线教育活动论述摘编》，党建读物出版社、中央文献出版社，2014，第39页。

校在进行隐性职业教育的过程中将这些领域的资源整合起来，将校园内、校园外各种资源利用起来，建立大学的心理干预机制，为大学生提供渠道畅通、需求多源的心理疏导机制。高职学生的思想很容易受现实社会的影响，而又缺乏判断力，如果不加以引导，其很容易在泛社会化的圈子里感到迷茫。

第五节　高职院校学生职业教育认知存在问题的成因分析

一　教育理念方面存在人文欠缺

理念是指“人们对于某一事物或现象的理性认识、理想追求及其所形成的观念体系”[①]。在职业教育的认知过程中不同教育者所遵循的理念是有差异性的。高职院校认知理念人文欠缺。高职院校是我国实现制造强国战略目标的有力支撑，校企合作理念从教育部到地方院校都得到了一以贯之的执行。“全国职业学校共开设 1300 余个专业和 12 万余个专业点，基本覆盖了国民经济各领域。调查数据表明，在现代制造业、战略性新兴产业和现代服务业等领域，一线新增从业人员 70% 以上来自职业院校毕业生。”[②]高等职业院校所迫切关注的是：生源、学生职业技能、校企合作、服务社会、就业。高职院校主要承担着培养学生职业技术技能的职责，技术技能是我们能通过外在的标准来衡量的。高职院校通过和企业的合作，首先，可以让高职学生在企业真实的操作环境中进行实践，获得实操技能；其次，高职院校可以直接掌握企业对高素质技术技能人才的真实需求情况；最后，高职院校实现了服务社会并且解决部分就业的目标。基于以上论述，高职院校在制造业的大潮中，紧紧地和企业契合，企业的特点就联动彰显出来：营利性、效率性、公平性、技术性等，企业需要的是技术技能强的学生。

学生重视职业技能，重视就业，相比较之下，显现出对人文和职业教育理论、实践和创新的关注不够。“由于过于重视人对社会发展的作用、人

---

① 韩延明：《大学理念论纲》，人民教育出版社，2003，第 9 页。

② 于忠宁：《我国中高职学校每年培养千万技能人才》，《工人日报》2022 年 5 月 24 日。

所产生的社会效应，给人以社会服务机器的定位，故产生了一种功能论、工具论的倾向。”① 传道授业，“道”在“业”前，“道”是人格品行，“业”是技能。教育的内在价值是培养人格健全的全面发展的人，而不是以培养工具为目的。高职学生精神层面的人文思想、职业道德不是用外在的标准能立竿见影地看到的，是一个长期的外化和内化的过程。认知理念成为一些高职院校镌刻在校园里的风景，学生却不知晓其意义，厚重有力的理念失去了应有的人文力量。认知理念各职业院校和教育者都在贯彻推广，但是由于没有具体化指标，在质量和尺度方面没有界定的依据，在贯彻的整体性、连贯性、系统性方面是弱化的，难以兼顾学生职业技能教育与人文教育。

二　教育方法缺乏针对性，有待优化

高职院校学生职业教育认知过程中所采用的认知方法是要符合规律的。在职业教育工作中，对于符合认知规律的认知方法的运用与推广尚有欠缺，也不够系统。基于此，高职学生职业教育认知研究亟待补充上述研究的空白之处。高职学生的认知动力不足，所以在认知的过程中就需要运用更多的认知方法，把握思维规律、刺激认知需求，吸引高职学生的注意力，提高高职学生的主动性。高职院校学生思想教育认知具有特殊性，教育者采取单一的灌输说教方式开展价值引导，高职学生被动接受理论内容，主动性被忽略，使得教育内容逐步脱离学生实际生活与心理需求，难以为学生提供切实有效的指导。

三　认知载体离散并且缺乏整体性

（一）文化载体

高职院校学生职业教育认知的文化载体是通过以文化人，文化育人，以提高人们的思想认识水平和人文素养。文化载体将职业教育内容寓于文化建设之中，从而具有渗透性、整体性、多样性、系统性，有利于提高学

① 贺小瑞、赵见伟、吴丹：《新时代思想政治教育伦理缺失问题探究》，《中学政治教学参考》2020年第12期。

生的人文素质。

文化载体主要的形式有：精神文化载体、物质文化载体和制度文化载体。我国社会主要矛盾已经转化为人民日益增长的美好生活需要和不平衡不充分的发展之间的矛盾。精神文化载体丰富多样，如美术、艺术、音乐、传统节日、红色精神等，这些文化载体有利于满足大众审美需求，陶冶大众情操。物质文化载体丰富多彩，如博物馆、艺术馆、科技馆、历史遗迹、自然和文化遗产等。我国幅员辽阔，5000 年的文化源远流长，这些物质文化载体足以激发人们的情感。国家层面的法律、法规、制度建设，是国家治理过程中的制度进步，社会的进步与发展依赖于工具、制度、人的全面发展，制度是解决工具价值与人的价值冲突的，随着环境的改变，制度建设也处于变化之中。高等职业教育需要积极利用资源，但是由于这些物质文化载体具有地域性和分散性，高等职业教育在利用该物质文化载体时，空间维度有很大的局限性。在有效地利用社会层面的文化载体方面，各个主办方具有时间维度和空间维度的离散性，缺乏统一的组织调配。一个“求真、向善、明德、尚美”的文化载体对高职院校职业教育具有重要的现实意义。

校园文化载体方面，主要形式有校园精神文化载体、校园物质文化载体和校园制度文化载体。2022 年 5 月 1 日起施行的《中华人民共和国职业教育法》中第一条规定：“为了推动职业教育高质量发展，提高劳动者素质和技术技能水平，促进就业创业，建设教育强国、人力资源强国和技能型社会，推进社会主义现代化建设，根据宪法，制定本法。”其一，高职院校主要关注技术技能、就业创业、现代化建设，重视专业建设和专业人才培养，所开设专业多与国家需求相关，与企业建立了稳固的合作关系。其二，在师资力量上来说能够把职业教育、传统文化与现代文化隐性无缝融合的教育者并不多，这样的教育者都在普通及以上院校中；高职院校专业建设在文化方面的专业少于技术技能专业，多数教育者在知识、技能方面的积累明显多于思想文化上的积累。基于此，高职院校在文化上投入的注意力就少，精神文化载体虽然很重要，但是发挥的作用却不明显。关于学校的理念、精神方面的宣传不足，在实际的校园环境中，能够完全掌握的，并且深入理解的教育者和学生并不多见；校园物质文化载体方面，前文已经论述，高职院校与企业的合作围绕就业创业展开，在物质文化载体上的资金投入不足。物质文化载体是精神文化载体的延伸，是主体客体化和客体主体化的过程；校园制度载体，在规章制度方面、管理组织体系方面，高职院校都有专门的研究者和制定者，但在发挥育人功能方面还有很大改进空间。校园文化载体在广度和深度、整体性和系统性等方面，都有待提升。

（二）活动载体

职业教育活动载体是职业教育工作者为达到一定的职业教育目的，以广大人民群众为主体，通过开展各种活动，寓职业教育内容于活动之中，使他们在参与活动过程中潜移默化地受到教育。高职院校职业教育活动以社会实践、社会调查、志愿服务、公益活动等方式为主。社会活动载体具有多样性的特点，但是同时也具有明显的单一性和形式性。高职院校职业教育活动载体的设计要有目标、有职业教育内容体现、有创新设计，设计要有教育者和学生参与，否则缺乏整体性。

（三）网络载体

职业教育网络载体具有海量信息，运行速度快，视觉效果好，能够吸引人的注意力，是职业教育工作发展的重要载体。网络载体的形式有微博、微信、QQ、电子图书、短视频等。“截至 2021 年 6 月，我国网民规模达 10.11 亿，较 2020 年 12 月增长 2175 万，互联网普及率达 71.6%，形成了全球最为庞大的数字社会。”① 知识爆炸式增长和海量传播、快节奏的生活方式致使当代大学生通过网络媒体间断地、零散地、片面地获取自身所需要的知识，出现“碎片化”和“虚拟性”特征。最受学生欢迎的是短视频，B 站、抖音等虽然出现时间并不长，但是被大学生群体所广泛接受。高职院校也可以搭建职业教育平台，但是由于缺乏设计和资金投入，不能同以营利为目的的平台相比，职业教育网络载体方面是有不足之处的。

四　环境的育人功能未能充分发挥

（一）网络政治的影响

随着信息化、互联网的普及发展，网络政治环境已在我国产生，并对

① 李政葳：《中国互联网络发展状况统计报告》，《光明日报》2021 年 8 月 28 日。

高职院校学生产生影响，高职院校学生是网络政治参与的主要群体。网络政治由于具有传播速度快、平等、自由、虚拟的特点，可以打破时空界限。网络政治对高职学生既有积极的影响，也有消极的影响。一些学生没有进行理性思考，思维越简单，越不能系统而全面地独立思考，越容易受到消极影响。

（二）市场经济的影响

我国改革开放 40 多年、加入世贸组织 20 多年来，取得了举世瞩目的成就，大多数人是改革开放红利的受益者，但接下来也面临着一些问题：贫富差距问题以及资源、机会、财富分配不平等问题。在追求经济效益的同时，社会效益也不容忽视，要兼顾效率与公平。

市场经济具有两面性，积极方面是促进了思想解放，促进了我国生产力的发展，人民生活水平显著提高，极大地调动了人民的积极性、进取心，经济实现突飞猛进的发展，中国成为世界第二大经济体，在国际上彰显实力；但同时市场经济的负面作用也日益凸显：市场经济的等价性、唯利性、短期性、盲目性、开放性影响到各个行业。例如，根据“成本—效益”原理，以最小的投入，通过科学计算，运用工具、手段调配资源，以获取最大的经济利益。市场经济具有使人物化的作用，但实际上经济才是工具，只有人的全面发展才是国家发展经济的最根本目的。在这样的背景下，市场经济的消极方面也难免会影响到高职学生，所以会有一些学生表现出拜金主义、实用主义、享乐主义、个人主义的思想与行为倾向；世界是统一的，由物质和意识组成，人的精神可以通过物来表现。在主体客体化或客体主体化的过程中，如果用物来外化人的精神，那人的精神是有限度的；当大众普遍认识到这点的时候，社会的发展会回归到精神领域。

在市场经济背景下，职业教育工作也受到影响。职业教育工作为了实现特定目的，要考虑用什么载体、互动方式、过程把主体和客体联动起来；职业教育工作更应该关注人的存在，以人为本，体现人文关怀，回归到人的全面发展。

（三）多元文化格局

以信息技术、互联网科技为基础，全球化打破了文化封闭的壁垒，职业教育的时空界限被打破，各个国家的文化开始交流、碰撞，这是我国文化多元格局形成的国际环境。我国的基本经济制度是以公有制为主体、多种所有制经济共同发展，而文化是经济和政治的反映，这就从根本上为多层次、多样性的文化提供了基础。而这种多样性，从空间的维度来看，有本土文化与外来文化；从历史的维度来看，有传统文化与现代文化；从价值的维度来看，有高雅文化与庸俗文化；等等。文化的多样性就这样交织在一起，打破时空范围，开放着发展，在这样的环境下，高职学生面临的选择具有多样性，从而导致困惑、迷茫，价值的取向最终也呈现多样化态势。

多元文化通过互联网得以开放地、快速地传播，传统媒体都是经过筛选的，而互联网新兴媒体由于打破了时空界限，监管也有难度。网络文化中会出现低俗的、宣泄的、放纵追求感官刺激的内容，有时缺少理性思想。由于高职学生缺乏理性思想和对优秀传统文化的理解与认同，面对纷繁复杂、质量参差不齐的多样性文化难以进行正确的选择。

高职院校的职业教育工作，一般以理论课的形式开展，校园文化局限于校园空间范围内，所以与开放性的职业教育活动融合存在实际的困难。在实际的操作中，校园文化建设与职业教育融合有待于隐性开发。校园文化包含校园物质文化、校园精神文化、校园制度文化。在校园物质文化方面，多数高职院校以培养高素质技术技能人才为己任，校园景观的建设简单、中规中矩，没能凸显传统文化、建筑文化；在校园精神文化方面，高职院校强调工匠精神、职业道德，但是部分高职院校对于教育理念淡化，没有在办学、教学、校园中，体现一以贯之的灵魂；在校园制度文化方面，近些年来，由于生源质量的下降，所有在基础教育阶段没能完成的能力培养，延续到高等教育阶段，高职院校的教育者承担着巨大的压力，在校园制度文化建设方面的精力投入略显不足。

（四）高职学生内在世界秩序感弱

高职院校学生职业教育认知的自我教育是通过把自己作为教育主体和教育客体，实现在自我教育领域中的主客体统一。高职学生是具有主体性的，但在自我教育方面的主体性并没有凸显出来。在自我教育方面，高职学生要么不知道，要么知道却不习惯于此，因此在自我教育、自我管理方面弱化，积极性和主体性没有被激发出来。职业教育在对高职学生进行自我教育的引导等方面还有极大的空间。高职学生不是不具有主体性，他们的主体性部分运用到手机、游戏、短视频等方面，他们离开了家长的监管，放飞自我，迷失方向，很容易在主体性的方向上发生偏颇。高职学生自我教育、自我管理方面的弱化，导致其外在行为具有随意性，凸显了其内在世界的秩序感弱。

第四章　高职院校学生认知的结构

第一节　高职院校学生职业教育的教育主体

马克思主义认识论认为："主体是指处于一定社会关系中从事实践活动的人，包括个人、集团、社会和整个人类"。[①] 高职院校学生职业教育的主体是教育者，这样的主体范畴不是"主体论"的沿用，而是结合我国高职院校学生职业教育认知的实际情况做出的界定，原因如下。首先，在实施教育的过程中，高职院校学生职业教育的主体是指专门从事职业教育工作、承担学生职业教育使命的教育者。其次，学生在认知过程中，也有自我计划、自我监督、自我管理的元认知成分，实现思想品德的内化与外化，这是高职学生主体性的表现，也是教育者在设计方案、教育实施等过程中的目标之一，在高级认知策略方面，教育者不仅承担着帮助高职院校学生构建职业教育认知结构的责任，而且还承担着认知方法传授的责任，这是高职院校学生职业教育认知的特殊性所决定的。教育者在实践活动中，在对学生进行引领、指导、解决认知冲突等方面发挥着主导作用。最后，教育者具有相对完善的认知结构和高尚的道德品行修为，在职业教育活动中进行着传道、授业、解惑工作，对学生进行言传身教。

一　教育主体的教育理念

教育者的教育理念尤为重要，因为理念指导行为。教育者的教育理念对高职学生的自我意识觉醒和相应的职业人格教育起着决定作用。教育行为是教育者认知理念的实践反映，教育理念可以是教育者在自己的教育实

① 曲久敏主编《马克思主义基本理论》，辽宁教育出版社，1990，第 37 页。

践中经过深度思考，在屡次认知实践活动中积累经验所形成的内部生成理念，也可以是从外界接受或改进其他教育者在认知实践活动中形成的外部引入理念。其一，内部生成理念来自对现实的思考，来自实践。一个教育理念是在实践、借鉴和思考基础之上形成的，最终便形成了矛盾的统一体，这个统一体又是系统化了的理论，在遵循规律过程中指导实践和理论再次生成。从这个意义上说，教育理念来自真实的客观世界，能否发挥积极的作用取决于教育者的思考和践行，这对教育者来说是综合能力的考量。其二，外部引入理念。这是借鉴他人成功的理念，从外部接受的理念需要进行改进，认知环境的差异性是客观存在的，因此教育者必须要了解本院校的认知环境，因地制宜地运用外部引入理念。

教育者的教育理念能够从对待高职学生的态度、对待教学设计的态度，对待教学实施的态度、对待教学评价的态度等方面体现出来。教育理念不能有错，否则对高职院校学生的影响有可能是一生的。因此在高职院校学生职业教育认知中，教育者要与时俱进地调整教育理念，以人为本、知行合一，创新教育理念以适应教育环境的变化，以适应新时代高职院校学生职业教育认知的特点。高职院校学生职业教育认知活动注重创新性，十年树木，百年树人，教育理念的创新和贯彻是一脉相承的动态过程，需要教育者的积极配合。

二 教育主体的德行品质

高职院校学生职业教育认知是教育者根据受教育者的品行特点和一定的社会职业教育、道德等方面的规范，有目的、有计划地对受教育者的心理施加影响，并使他们内化形成经常的稳定的思想品德素质的一种活动。首先，学高为师，身正为范。教育者的品行修养和人格魅力十分重要，在价值观念多元化和加强道德建设的今天，师德教育显得格外重要。其次，教育者的言传身教。教育者在教育过程中传递着自己的经验，影响着受教育者的意识、世界观和行为。在认知过程中，在教育者个人的品质、行为和受教育者的品行之间是有联系的。“习近平总书记指出，老师应该有言为士则、行为世范的自觉，不断提高自身道德修养，以模范行为影响和带动学生，做学生为学、为事、为人的大先生，成为被社会尊重的楷模，成为世人效法的榜样。”① 因此，教育者必须十分注意自身品质的修养，使自己的言行都能充分体现出社会主义精神文明的光辉，使言教与身教相互促进、相得益彰。最后，在新媒体背景下，高职院校学生职业教育的教育者尤其要重视时刻检查和反省自身，严于律己，不断端正自身品行和工作态度。

教育者自身品行体现在：第一，具有坚定的政治立场和较高理论水平；第二，具有崇高的道德品质；第三，具有积极健康的心态。

三 教育主体的认知结构

新形势下教育者必须具有良好的认知结构。认知结构是教育者知识结构和经验结构在教育者大脑中的虚拟，包括扎实的基础知识、深厚的专业知识、教育科学知识以及相关学科、边缘学科、交叉学科的知识，还要关注新近发生的新闻、热点事件，并且了解学生的喜好。基础知识越扎实和丰富，教育技能越多样，就越能促使自身专业知识水平的提升，越能树立教育者的威信。教育者是高职院校学生职业教育认知活动的组织者、引导者和实施者，在高职院校学生职业教育认知过程中起着主导作用，其学识水平、道德修养以及教育态度与认知方法等，对良好师生关系的建构往往起着决定性作用，对高职学生认知结构的建构和认知能力的提升具有重要的引领功能。

教育者心理知识的储备。师生间要建立良好的关系，不仅要求教育者具有渊博的知识，而且也要求教育者具有良好的心理素质。因为新时代高职学生自主意识增强，不以权威的评价为准，而是通过自己的信息加工得出结论，所以更凸显出教育者的心理知识和技能的重要性，教育者的心理知识影响与学生之间情感的交流、交往和建立良好的关系。心理素质好的教育者了解人格特质，自身也构建了良好的情感思维；具有同理心，能够容忍他人的不足，能够识别、表达、管理、运用交往技能和学生建立良好的师生关系。师生之间的关系越亲近，教育者对高职学生的影响也就越大，更加有利于教学和管理。教育者对学生彬彬有礼、温文尔雅，能使受教育者感到教育者的平易近人，便于沟通，容易拉近师生关系。

① 罗容海：《言为士则 行为世范》，光明网，https://news.gmw.cn/2022-06/06/content_35788429.htm。

四 教育主体的认知能力

教育者的认知结构是认知能力的基础，认知方法的运用是教育者认知能力的体现。教育者自身要具备系统而全面的认知结构和较强的认知能力，同时能够采用适宜的认知方法帮助学生理解、记忆，进行知识建构，教会学生掌握相应的认知方法用于自我教育，促使学生能够发现问题、分析问题、解决问题，能力获得提升。首先，教育者谙熟认知方法。由于高职院校学生职业教育认知的特殊性，教育者必须掌握高职院校学生职业教育认知信息加工和应用过程中，在感觉、知觉、注意、表象、学习、记忆、言语、思维、问题解决等环节的相应认知方法；掌握并能传授意义生成和现实建构的工具和方法；在职业教育过程中，教育者能够相应地采用情感、意志等方法；在认知实践环节，有科学实践方法、情境实践方法等；在建构、矫正、修复学生的认知时，能够熟练掌握思想观念重塑策略、情感联结法、意志力训练法以及纠正思想认知偏差的技巧、优秀榜样的政治教育策略、心理疏导与调整方法等。认知方法是具体可行的，能够提高认知的效果，能够解决职业教育实际工作中遇到的问题。其次，教育者能够与时俱进地创新教育方法。高职院校学生职业教育认知在认识人、事、策略方面是与时俱进的，是随着环境而变迁的，在历史的进程中认知方法是与时俱进、因人而异的，需要创新。高职院校学生职业教育认知方法的创新，需要有开放的态度，积极借鉴认知心理学等学科的理念和方法，提升高职院校学生职业教育认知方法的广度和深度。面对高职学生认知方面的特点，必须与时俱进、因人制宜地调整和创新认知方法，这对教育者提出了新的要求。

第二节 高职院校学生职业教育的认知主体

教育者引导高职学生建立认知结构、提升认知能力。教育者是在了解掌握高职学生认知特点的基础上遵循认知规律进行教育，对于学生的知识和意义的建构起引导和促进作用。高职院校学生在职业教育认知活动中有自我计划、自我监督、自我管理的元认知成分，这是高职院校学生职业教育认知客体的主体性体现。高职学生的认知结构始终处于变化和建构的过程中，认知结构的正向改变可以影响一个人的智慧发展和行为选择。

一　认知主体的认知结构

认知结构是“个体在头脑中形成的对于外界客观事物的基本特点及其相互关系的心理表征，是由过去知识经验组成的一种内部心理结构”①。也可以将其理解为由客观事实和主观知觉，或其综合所形成的概念、观点、看法、经验、判断，也就是个体的知识和经验的综合。当个体遇到新的人或事物的时候，其基本倾向于用原有的理论和经验架构，去认识新的人或事物，这个架构是虚拟结构，是抽象结构。高职学生的认知结构是在知识结构和经验结构的基础上经过信息加工而形成，并且深入理解而转化为内在的抽象的认知结构。认知结构是经过高职学生加工后的结构，所以因为个体的差异性，每个人即便学习相同的知识，最后建立的认知结构也不尽相同。

（一）知识结构

知识结构是由概念和命题组成的知识体系，是用文字和符号来表达的。经过历代人整理、补充、修订形成的有广度、有深度、有容量、有层次、有逻辑体系、客观的科学结构是认知结构的基础。认知结构的建立受到知识结构的影响。一个人的知识结构越丰富、越完整、越系统，其认知结构也就越好。高职学生在基础教育阶段形成了各个学科的知识结构，但是其多数知识结构不够完整和系统，这是高职学生在认知方面出现问题的本源。在大学期间，高职学生需要在教育者的指导下，建立完善的知识结构。

建立知识结构最重要的基础是概念，教育者可以采取小组讨论的方式，小组成员可以为对方小组设计问题，对方小组来回答，提升学生的辩证思维能力；在实践中学习，高职学生操作性较强，可以通过合适的方式是在操作和实践中来提升认知；教别人，因为高职学生在基础教育阶段都是被人教，所以应当给予他们机会，让他们也有展示自己能力的方式。需要教育者适当引导学生，建立学生评价簿，提升学生参与的积极性。

---

① 杨治良、郝兴昌主编《心理学辞典》，上海辞书出版社，2016，第259页。

教育者引导高职学生将知识结构转化为认知结构。其一，教育者把基本概念、原理阐述清楚。其二，教育者在阐述概念和理论后，讲解或播放与该概念和理论相关的故事，故事的内容可以是人、事件、策略，让学生有具体的感受。其三，感性认识阶段，通过感觉、知觉、表象，引导高职学生讲述该故事给自己带来的情感体验，或者自己、他人、社会中有与此相近的故事，激发学生联系实际。其四，理性认识阶段，学生在感性认识阶段讲述自己、他人、社会与此相近故事的基础上，认识该事物的本质、联系、规律。通过广度、深度的联系，以扩展知识面，取得思维上的进步；学生运用分析、抽象、综合、概括等逻辑方法，更深刻地理解和掌握该概念或理论。其五，根据讲授概念和理论设计情境或社会实践，在实践中把理论知识与经验相结合。其六，在情境或实践中，重新认识概念和理论。经过上述步骤，学生将知识纳入自己的认知结构中，接下来，就是情感、意志、信念等方面的工作，以实现职业教育的知行合一。

（二）经验结构

经验结构也是认知结构的基础。人类通过实践总结经验，在综合经验的基础上形成符号知识。毛泽东在《实践论》中指出知识源于直接经验和间接经验："一切真知都是从直接经验发源的。但人不能事事直接经验，事实上多数的知识都是间接经验的东西，这就是一切古代的和外域的知识。"[①]人通过自己去实践从而总结的知识为直接经验，人通过自我教育、家庭教育、社会教育，从书本、他人、传媒渠道而获得的知识为间接经验。经验由直接经验和间接经验构成，直接经验包含生活经验、情感经验、技能经验。经历了十二年的基础教育，学校教育是具有系统性和结构性的间接经验。虽然说高职学生没有必要去一一体验而获得直接经验，时空环境也不允许，但是现实情况是他们的直接经验较少。人是自然和社会系统中的部分，也就意味着我们离不开自然界与社会而孤立存在，必须在社会实践中获得真实的体验。

第一，生活经验。教育者首先要把课程内容回归生活，当理论与生活失去连接的时候，对于高职学生来说理解是有难度的。具身认知理论认为，

① 《毛泽东选集》第1卷，人民出版社，1991，第288页。

人是自然界的系统，通过身体认知世界，通过身体和环境的互动来衡量与环境的关系及与人的关系。人为了生存和发展所进行的各种活动就是生活，生活是属于人的生活，生活是各种活动的实践。因此职业教育具有培养高职学生形成生活经验的责任，培养学生在生活中体验、感悟和建构，与大自然融合，通过与大自然的融合来感知生命；与社会融合，通过与他人、群体交往、活动生成生命的意义和价值追求。这些直接经验是不可或缺的，是靠体悟的，如果生活在间接经验的楼阁中，将感知不到知识的源头，感知不到知识的意义以及知识与生命、知识与生存的关系。

第二，情绪情感经验。情感是个体在社会需求欲望上的态度体验，情绪是个体在自我需求欲望上的态度体验。情绪是情感的外在表现，情感依赖于情绪。情绪在识别、表达、思维、管理上任何一个点出现问题都将会影响和他人情感的稳定。当人的需求得到满足的时候就会产生积极的情感，从而促使人们产生积极的行为，效率就高；反之，当人的需求得不到满足的时候就会产生消极的情感，从而使人们产生消极的行为，效率也就低。有部分高职学生由于父母离异或父母不睦，在情感上有缺失，多数学生描述的时候，都很悲伤，情感的不通畅，会限制学生内部情感能量的流动，需要安慰和疏导学生，使其把注意力转移到认知上来；还有部分高职学生出于人格特质原因，过于内向、多疑、敏感等，就导致对相同事件的解释与常人相异，从而影响人际交往和人际情感；高职学生需要能够促进情感交流的活动，以提升其解决情感认知冲突的能力，具有稳定的情绪，有利于更高效地掌握知识，建立更清晰的认知结构。职业教育在技术技能经验方面，可以将理论课与实践课结合，通过多种多样的实践活动，来领悟知行合一认识论在认知方面的成就。

第三，知识经验。知识经验是从人生经历中积累而成，通过多次实践得到的知识或技能。正如恩格斯所说：“每一个体都必须亲自去经验，这不再是必要的了；它的个体的经验，在某种程度上可以由它的历代祖先的经验的结果来代替。”[①] 知识经验强调的是知识建构，逻辑和推理能力的培养，在这方面高职学生是薄弱的，高职学生也尚未认识到自己在逻辑和推理方面的薄弱。因此在职业教育工作过程中，一个主要任务是：让学生积累知

① 《马克思恩格斯全集》第20卷，人民出版社，1971，第610页。

识，积累经验，从建设有中国特色的社会主义伟大理论中，获取宝贵的经验，为自己认知的螺旋上升打下基础，为祖国全面现代化贡献力量。

综上，认知结构是人类智慧的重要组成部分，高职学生良好的认知结构能够提升信息加工的速度，对尚未发生的事件在逻辑顺序、过程及结果方面进行预测。高职院校学生的认知结构具有可利用性，就意味着高职学生认知结构中的概念和原理清晰，在认知过程中能与新的知识进行关联的概念和原理越多，高职学生的迁移能力就越强；高职院校学生的认知结构具有可辨别性，高职院校学生的认知结构能够区分新知识与原有知识的异同，这样就能够更好地同化、顺应新知识；高职院校学生的认知结构具有稳定性，他们对原有知识掌握得很牢固，这样更有利于其同化新的知识，稳扎稳打。认知具有稳定性，但是在同化、顺应新知识的时候又表现出运动性，然后重组到自己的认知结构中，实现平衡，即稳定性，继而再次进入不平衡状态，周而复始，认知结构的静态与动态交替进行，从而实现认知的升级。高职学生的认知结构如果比较混乱，没有很好的组织和秩序，那其实现迁移的能力就弱，从而对认知结构的建构具有负向作用。认知结构的建构一定是学生在教育者的帮助和引导下自己来建构的，要充分发挥客体主体性。因为认知结构与知识结构不同，知识结构是外在的、客观的，是有系统性、整体性和美感的。认知结构是高职学生大脑中的结构，是抽象的，是教育者看不到的部分，只能通过学生外显的言语和行为来判断。因此教育者的主要作用是让学生发现自己在认知结构上的优劣，运用认知策略，建构属于自己的认知结构。

二　认知主体的认知风格

认知风格是高职学生习惯了的信息加工方式，也称为认知方式，是影响认知结构建构的因素之一。认知风格是个体在长期的认知活动中形成的、稳定的心理倾向，表现为对一定的信息加工方式的偏爱。高职院校学生的认知方式是多种类型的结合，无好坏之分。因为高职学生的认知风格已经形成，所以教育者无须改变学生的认知风格，在了解其认知风格类型后，根据其认知方式因材施教地适当调整。认知风格的形式有很多种，可以分为场依存型和场独立型，具象型、形象型和抽象型，聚合思维型和发散思维型，等等。

（一）场依存型和场独立型

场独立型和场依存型学生的认知风格特点及策略。高职学生中场依存型学生明显多于场独立型学生。美国心理学家赫尔曼·威特金根据个体在认知加工过程中对环境的依赖程度，把个体的认知风格分为场独立型和场依存型，这里面的“场”指的是认知环境。具有场独立型认知风格的学生容易集中注意力，把注意力放到重要的信息上，并且能够抓住问题的核心；根据自己的感知和内在参照去获取知识、分析知识和建构知识，同时灵活和具有创造性地解决问题；场独立型学生喜欢独处和具有逻辑性的自然科学学科，习惯于运用逻辑思维和抽象思维，对教育者具有结构性的讲解依赖性不高。对于场独立型学生，教育者应允许其独立地开展学习和建构知识，必要的时候给予指导，在教学上多讲认知策略。

场依存型学生具有整体性思维，容易受到来自环境的影响，喜欢与人交往，能够察言观色，更体谅他人；喜欢在集体中学习，但自控能力差，对教育者具有结构性的讲解依赖；对于场依存型学生，教育者在课程设计方面要具有结构性；在学习中允许学生交流互动，强调合作学习、团队建设；用温暖的言语和肢体动作表示关心、鼓励、支持。因为在高职学生中大多数人的认知风格为场依存型，所以和学生建立深入的联结是非常必要的，教育者要了解学生，掌握学生的认知风格和人格特质的优缺点，从而采取相应的策略表扬他们、鼓励他们、支持他们，在课堂上与他们融洽相处，让他们感知到教育者的温度与尊重，这样能够提升教学与管理的成效。

（二）具象型、形象型和抽象型

学生的认知风格特点有具象型、形象型和抽象型。高职院校学生的认知风格具象型、形象型的明显多于抽象型的。

第一，具象型。具象型认知风格是将身体、动作与具体物象结合，进行操作，反复训练的一种认知风格，该认知风格主动建构物象，在大脑中操作物象，判断、推演物象。“高职生擅长具象认知的比例远远高于本科生。他们中大多数人活泼好动，反应快，操作技能强。同时，他们比较厌烦文字性的东西，不喜欢学习书本知识，写作、阅读能力比较欠缺。”[①] 具象型认知风格对于高职学生在未来取得成就很有帮助，高职学生动手能力强，操作性佳，只是认知风格需要升级，不能仅停留在动作操作阶段，而是需要把身体、动作和物象结合达到“合一”的境界，具象型认知风格不能孤立地运用，高职学生要想实现该认知风格的升级，同样需要形象型和抽象型认知风格参与认知过程。高职学生具有的操作技能，在基础教育阶段没能被充分发挥，但是在高等教育阶段，教育者能够帮助他们把具象型认知风格中欠缺的抽象性补上。在教学策略上，高职学生需要在“学中做，做中学”。教学具有情境性，“情境性观念强调认知，包含社会的、具身的、具体的、定域的、参与的等特征，强调身体的物理过程，身体与外部环境的互动既构成了认知系统的有机组成部分，也限制着行为的可能性，且对认知过程造成直接影响”；[②] 教学回归生活，莫里斯·梅洛-庞蒂在《知觉现象学》中强调身体本身的空间性和运动机能，我们通过身体来认知世界，这种表达也是多种多样的：语言的表达，绘画艺术的表达，音乐的表达，手工的表达，写作的表达——而恰巧有一些学生是通过身体、通过动作、通过感觉来进行表达的，同环境和生活融为一体的认知在一些具有特殊性的高职学生中展现出来，他们是离生活最近的群体，也是在不远的未来能在制造业方面支撑中国梦的技术执行者。

第二，形象型。形象型认知风格的学生往往依赖于实际的物体或者模拟的物体的形象，在头脑中形成表象从而认知事物，处于认知的感性阶段；通过这个阶段我们能够判知，形象型思维的学生对于理论的理解要通过实际物体或者视频的演示。基于此在实际的教学和管理过程中，教育者应多利用图像、图表、多媒体的视听功能，或者 VR 计算机仿真技术，刺激学生的感觉器官，来探寻事物的规律、意义与联系。

第三，抽象型。具有抽象型认知风格的学生可以脱离实际物体进行想象，习惯于用概念、判断、推理的逻辑方法来认知事物，处于认知的理性阶段。高职学生具有抽象型认知风格的并不多。在基础教育阶段，成绩优秀的学生经过多年的积累，已经具有了抽象思维。而高职学生能够进入抽

---

① 薛维峰：《高职学生认知风格特征及教学策略研究》，《教育与职业》2014 年第 6 期。

② 叶浩生：《身心二元论的困境与具身认知研究的兴起》，《心理科学》2011 年第 4 期。

象思维的通道，多数是通过感觉和动作，这需要教育者通过挖掘、操作，让其认识背后的逻辑、规律、联系，从而引导其进入理性认知阶段，再来指导实践。

（三）聚合思维型和发散思维型

聚合思维型的学生，习惯于有固定答案的问题，寻找问题，解决问题，但是也会出现解决问题方式单一、思维狭窄的情况，他们不善于创新，倾向于按照规则进行学习。发散思维型学生想象力丰富，可以从不同的点、方向和角度出发去寻找不同的答案，具有较强的创新性，但是其决策能力弱。基于这两种认知风格，聚合思维型和发散思维型是互补的。教育者应引导学生将聚合思维型和发散思维型结合起来，因为未来我国要实现全面现代化，国家要实现科技升级，就需要更多的具有创造性思维的大国工匠，需要创新的能力；发散思维型是具有创造性的，该思维可以激活无数个点，并将这些点进行联结，但是需要聚合思维型进行综合和决策，二者结合起来才能更好地培养学生的创新能力。对于学生教育可以采用小组讨论、头脑风暴等方法。

综上，在认知风格方面，高职学生以场依存型风格、具象认知风格、形象认知风格为主体表现，认识风格是经历多年形成的习惯性的加工信息的方式，无好坏之分，只是认知的渠道不同。职业教育具有很强的理论性与实践性，从认知方式的层面来讲，高职学生对文字符号、概念、理论并不感兴趣，职业教育面临着困境。教育者在教学设计和教育管理过程中应当如何做？首先，要充分了解课堂中学生的性格特点和认知风格，为差异化的培养和因材施教做准备；其次，要帮助学生明确认识自己的认知风格，发挥优势，弥补劣势，引导学生建立由感性认知快速上升到理性认知的认知风格。再次，在教学活动中，职业教育情景化、生活化、故事化是一条能有效适应高职学生的途径。同时高职院校的教育者面临着很大的压力，课堂上要和学生共情，与学生进行深入的联结；要用生动活泼的视频等吸引学生的注意力，用实际物体进行操作，让学生从直观的操作中和真切的生活中掌握常识、经验、技术、理论，鼓励学生合作学习。最后，教会学生掌握认知策略。

三　认知主体的元认知

元认知是对自己认识活动的认知，包含元认知知识和元认知监控两个方面，而认知活动同时又有情感的参与，所以元认知体验也离不开情感体验。关于元认知策略阐述了三个方面内容：元认知知识、元认知体验、元认知技能。

第一，元认知知识。“元认知知识是指个体对于影响认知过程和认知结果的各种因素的认识。它包括一个人对于有哪些因素影响认知活动的过程与结果、这些因素是如何起作用的、它们之间又是怎样相互作用的认识。”① 元认知知识是认识主体在多次的认知活动中，积累、总结的知识，是认识主体在与环境互动的过程中、诸要素相互作用的过程中得出经验、教训的知识。诸如，一个经验丰富的农民可能没有受过专业教育，但是在经年累月的实际操作中，在经年累月的失败、成功的过程中，其积累了丰富的经验：对自己了解，对农作物了解，知道自己擅长种植什么作物，不擅长种植什么作物，对自己要进行的新的一次种植任务了解，对周围的环境了解，清楚农作物生病应当用什么方式解决，等等，这就是元认知知识。元认知知识包含了对自己的了解，对人的了解；对事物或事件的了解；对认知策略的了解。所以说元认知知识包含“知人”“知事”“知术”三个部分。首先，从元认知“知人”的角度来说，高职学生必须足够了解自己，了解他人；知道自己的基础知识、认知结构、认知能力，知道自己能做什么、不能做什么，哪些方面是自己的优势，哪些方面是自己的劣势，对于劣势的地方要逐步改善，在不同的情境中总结自己的认知规律。同时教育者也要看到在智力、态度和记忆方面人与人的差异化表现。其次，从元认知“知事”的角度来说，高职学生要对自己进行认知的任务有了解。也就是对认知的事物或者事件的属性、结构、特点、价值和意义、目的、要求、过程均有掌握。最后，从元认知“知术”的角度来说，认知策略是完成认知任务所需要的知识和方法。这就需要从高职学生的“方法库”中来挑选能够完成任务的策略，一个策略并不能够完成所有任务，所以要具体结合任务、环境选择适宜的方法和策略进行组合。

① 梁宁建：《当代认知心理学》，上海教育出版社，2014，第318页。

第二，元认知体验。元认知体验是高职学生对认知过程和结果的认识以及因此而产生的情感体验。比如在进行认知任务之前，对自己的了解和策略的应用情况包括以下几种：觉得自己能够完成任务，产生积极的情感体验；觉得自己不能完成任务，产生消极的情感体验；觉得自己可能会遇到困难，产生焦虑的情绪；开始觉得自己不能胜任，结果很容易就完成了，产生高兴的积极体验；开始觉得自己能胜任，结果没能成功，产生失望的消极体验。在认知过程中，对于人的体验，对于事件的体验，对于驾驭策略的体验，积极的元认知体验，可以使自己的思维处于开放的状态之中，能够提升信息加工的速度与效率。消极的元认知体验使自己的思维处于闭锁状态，从而影响认知信息的加工速度与效率。元认知体验能够激活存储在长时记忆中的元认知知识，使其处于工作记忆状态，处于活跃状态。高职学生在基础教育的认知过程中失败的认知任务多于成功的认知任务，在认知过程中高职学生多信心不足，很少有同学怀着必胜的信念。教育者应该积极引导学生在完成认知任务的过程中保持信心，帮助学生重塑信心。

第三，元认知技能。元认知技能对于认知活动来说是一项非常重要的技能，高职学生对自己正在进行的认知活动进行监控和调节，所使用的方式包括制定计划、自我监控和自我调节。首先，制定计划，这需要确定认知目标，目标一定要合理，如果目标定得过高，实际调用的知识和策略无法帮助其实现，就容易造成消极的认知体验，目标要结合高职学生和认知环境的实际情况来确定，也可以将目标分解为若干个小目标，然后适当地安排时间和资源。其次，自我监控，保证任务进行时的自我观察、自我控制，对认知过程和效果进行观察、评估，效果的评估是可视的量化记录，要及时地评估、总结经验和教训。最后，自我调节，在认知活动中出现了困难或不足之处，可以采取修正和补救的措施，比如调整计划、调整思路、调整心态、调整认知风格、调整策略。高职学生在元认知技能方面的表现是在使用策略时，不能将原有的知识和经验与新任务做快速的联系；使用自己已知的策略，不能根据自我监控的反馈，做出积极的创新和调整。所以教育者要引导学生在完成任务后，积极地总结经验和教训，进行事后评价，针对下一次如何完成任务制定计划、自我监控、自我调节。

四　认知主体的认知能力

高职学生知道有认知策略，但仅仅停留在知道的层面上还不够，因为知道认知策略和运用认知策略是两个不同层次。任何策略的学习都要经历陈述性知识阶段，然后通过不断练习和应用的强化，转化为程序性知识阶段，最后高职学生熟悉认知策略应用的环境和条件，能够达到迁移的程度，元认知过程是认知策略熟练和迁移运用的阶段，在这个阶段，高职学生的认知能力明显提升了。

认知能力是人脑反映客观事物的特征和联系、揭示事物对人的意义和作用的能力。[①] 因为认知策略的熟练掌握、迁移运用是一个人认知能力的体现，所以提升学生的认知能力，一方面要注重认知策略的反复运用，形成习惯，转化为程序性知识；另一方面要提升感知能力、记忆能力、想象能力、逻辑思维能力。

（一）感知能力

感知策略运用。感觉是获取信息的第一步，学生是通过感觉器官的被刺激，才对外在事件或物体有感受性。人的感觉系统有五种：视觉、听觉、嗅觉、味觉、躯体感觉，由于它们存在并协同工作，将受到的刺激转化为大脑可以解释的神经信号，向人们解释周围的环境，这也是人类认知的基础。根据肯尼斯·邓恩和丽塔·邓恩的学习偏好模型，学生可以分为视觉型、听觉型和动觉型三种类型。视觉型，以视觉作为获取外界信息的主要通道，语速快；听觉型，通过听觉来获取信息，主要通过声音和语言来学习，说话抑扬顿挫；动觉型，主要通过手、皮肤来获取外界信息，对物理空间感知好，说话速度慢。学生要了解自己属于什么类型，然后了解自己的特质。对于以上三种偏好，没有谁绝对是某种类型的，一般都是以一种类型为主、其他类型为辅。视觉型学生可通过实物、建筑、视频、面孔、图片、地图、表格、思维导图、绘画等视觉刺激，从而产生更好的感知效果；听觉型学生可以通过音乐、视频、音频等声音刺激，从而产生更好的感知效果；动觉型学生可通过 VR 虚拟仿真、实际操作、角色扮演等动觉刺

① 杨治良、郝兴昌主编《心理学辞典》，上海辞书出版社，2016，第 260 页。

激，从而产生更好的感知效果。

感知能力提升。通过前文的论述可知，高职学生不是感知能力弱，而是在能力的转换升级方面弱。首先，要积极培养学生的观察能力，观察是记忆和思维的基础，观察能力是主动地通过对事物的观察来分析事物之间的联系；观察的角度不同看到的事物和得出的结论也不同，在实际生活中，因为有的人思考问题运用一维线性思维，有的人思考问题运用二维平面思维，有的人思考问题运用三维立体思维，所以观察任何事物，都要从多角度、多维度进行分析，观察要全面；有的时候角度对了，观察了人和事，也多维度思考了，不同人得出的结论还是不同，这就是立场和价值观的原因，需要学生能够不被表象迷惑，运用马克思主义的立场、观点、方法对问题进行科学分析，透过现象看本质；在人和事件中，主要观察人的言语、表情、行动，来判断对方的思想观念，从而有针对性、有预见性地解决问题，提升能力。其次，真善美地感知世界。在感知方面，有的人倾向于实用性，有的人倾向于获得认知，有的人倾向于获得审美的体验。教育者的责任是在真实的世界里，引领高职学生在“求真、求善、求美”的过程中认识世界和改造客观世界，同时改造主观世界。正如马克思所言：“只是由于人的本质客观地展开的丰富性，主体的、人的感性的丰富性，如有音乐感的耳朵、能感受形式美的眼睛，总之，那些能成为人的享受的感觉，即确证自己是人的本质力量的感觉，才一部分发展起来，一部分产生出来。”[①] 审美感知能力，是对审美物外在形式的感知，同时也是对其内在生命力的感知。审美感知能力是培养丰富的内在情感，是审美想象、理解、判断的基础，也是德育工作的一个向度。如果感知能力仅仅停留在看到、听到、嗅到、触到的层面，是低层次认知，将感性认识上升为理性认识才是认知层级的提升。

（二）记忆能力

记忆策略运用。高职学生记忆知识的速度慢、效果一般，多数是没有策略的死记硬背，记忆力是智商的重要组成部分，也是高职学生必须具备的策略。瞬时记忆的时间非常短，几秒钟时间信息就丢失了。瞬时记忆被

---

① 《马克思恩格斯全集》第3卷，人民出版社，2002，第305页。

选择性注意后进入工作记忆，工作记忆是信息加工的重要记忆。记忆策略包括简化、组块、联想、内化、情感、重复。工作记忆是对信息进行加工，简化信息，进行组块再编码，由于每个人的认知结构不一样，所以组块的情况也各有不同。最好的方式是把组块信息，通过联想，和自己已有的知识、经历、经验联系，从而有利于信息的理解、联结和记忆。短时记忆经过重复，进入长时记忆，长时记忆能够通过语义和表象进行。长时记忆是没有容量限制的，可以保持一生。教育者可以充分地利用记忆策略，让学生随堂练习，对表现好的同学予以奖励，进行强化。

记忆能力提升。具有良好记忆能力的人，能够快速地记忆需要的信息，能够把需要掌握的新知识通过运用联想的方式存储到长时记忆，与自己长时记忆中的知识结合到一起进行学习和储存，待需要的时候快速检索，提取到工作记忆中以备执行。记忆能力的培养，需要注意力集中；遵循艾宾浩斯遗忘规律，定时复习；掌握记忆方法，如理解记忆法、归类对比法、联想记忆法、组织记忆法等，还可以利用思维导图。任何一项能力的培养，都离不开经久的练习，记忆能力是在持久地应用记忆方法和策略的基础上形成的。

（三）想象能力

联想策略是高职学生根据新知识的特点，在大脑中检索与之有关联的、已有的认知结构或图式，或者根据新知识的结构特点进行联想、加工，重新建立有意义的个人联系。联想可以是形式上的联想，可以是语义上的联想，也可以是意义联想、因果联想、求同联想、求异联想等。联想的速度一定要快，在建立结构的时候一定要修筑一条快速的检索途径，最符合记忆加工规律的是概念和分类，这是大脑存储知识的基本形式。知识表征是指“知识在大脑中存储和组织的形式或者呈现方式”[①]。根据知识的分类，知识表征被分为陈述性知识表征和程序性知识表征。当高职学生了解知识在大脑中的表征方式的时候，检索就有了依据，在提取原有知识的时候，速度会变快。同时学生的联想能力越强，其创造性就越高。“由此及彼”和“由表及里”即是联想发挥了连接作用，从而促使感性认识上升到理性认

① 王志良主编《脑与认知科学概论》，北京邮电大学出版社，2011，第163页。

识。高职学生在学习概念和理论的时候，将知识故事化、视觉化，充分调动自身根据联想策略，检索到该理论与自己、与他人、与社会的联系，从而促使自己的感性认识上升到理性认识。

想象能力提升。想象是人脑的机能，是一种创造性的能力。想象可以分为再造性想象、幻想性想象、联想性想象和创造性想象。想象是主体将自己大脑中的表象，即大脑中存储的对外在事物的形象，进行提取、分析、设计、加工、改造，从而创造出新的形象的过程。首先，学生要有丰富的想象力储备，读万卷书，行万里路；热爱生活，经历丰富，体验生活中的真善美；积累丰富的符号资料和表象资料，这样想象力才是“有米之炊”。其次，创造性想象培养。培养想象力最终是为了创造，创造性想象与科学幻想都为世界的改变做出了超前的准备；教育者要鼓励学生进行创造，同时为学生提供创造的实践场所。最后，运用道德想象力来做决策。想象是“跨越时间和空间到达彼时彼地，它能接受幻想，能构建，能探究，能操纵结构和抽象概念，能把认识运用于尚未见到的、实际存在的事物中，并能预测现实计划的未来结果”①。高职院校学生在做选择的时候比较难，尤其是当选项较多的时候，进行决策容易陷入两难境界，在社会中与人交往时同理心不够强。“道德想象力既包含社会考量的个体认知过程，又是多元辩证的社会过程。”② 教育者所要运用的道德想象力涉及道德情感、道德感知、道德推理和道德决策，最终是为了帮助学生在现在和远期进行道德决策。

（四）逻辑思维能力

思维策略运用。思维策略是思考问题与解决问题通过的方法，是人们从认知实践的积累中进行概括、总结、归纳所形成的分析问题和解决问题的框架和路径。高职院校学生一旦掌握了思维的方法，认知上就会事半功倍。在实际生活中因为有地图，我们在到达目的地的时候，有方向不会迷路；而思维就是我们大脑里的地图，既精准又有效率，不会迷失。美国心理学家拉塞尔（Russell）认为思维心理结构纵向的六个步骤为：“步骤一，

---

① 〔美〕麦金：《怎样提高发明创造力——视觉思维训练》，王玉秋、吴明泰、于静涛译，大连理工大学出版社，1991，第148页。

② 曹刚、教育部人文社会科学重点研究基地、中国人民大学伦理学与道德建设研究中心编《中国伦理学年鉴（2014年）》，九州出版社，2017，第12页。

环境刺激引起心理活动阶段；步骤二，建立思维定向或指导阶段；步骤三，寻找有关材料阶段；步骤四，提出假设或尝试性方案阶段；步骤五，检验审查假设阶段；步骤六，决策阶段。”[①] 步骤二是建立思维定向或指导阶段，该阶段需要教育者的引导，高职学生需要按照正确的思维程序进行。这个过程也需要做好打破自身原有的思维定式和思维习惯的准备，并且需要经常性地强化，唯有如此才能转化为思维能力。知识有“知道的”和“不知道的”，而能力强调的是运用。思维策略有很多种，如提出问题思维策略、分析问题思维策略、解决问题思维策略等。

思维能力提升。针对高职院校学生在逻辑思维方面存在的问题，应如何培养其逻辑思维能力？首先，在教育内容上，注重逻辑知识的传授。例如，逻辑学基本原理和语言、能够辨析非逻辑思维的根源及主要形式，鼓励学生独立自主地思考，能够有勇气对非逻辑思维质疑。其次，在教育实践上提升学生运用逻辑思维解决问题的能力，多开展学生的演讲和辩论活动，学生能够通过科学的逻辑方法，进行概念辨析、判断、推理，从而训练逻辑思维能力，能够确认事实、寻找真相、发现本质；用文字或语言逻辑清晰地、自洽地、严密地表达自己的观点和思维过程的能力。最后，提升逻辑思维的速度，进行正确的逻辑思维方法的强化练习。

五　认知主体的自主性

（一）自主性

“自主”在《新编现代汉语大词典》的解释是：“自己做主，不受他人支配。”[②] 在《张氏心理学辞典》中这样解释：“个人独立自主的能力。”[③] 真正意义上提出自主性理论的是康德，康德的道德自主性有两方面的自由，一方面是内在的自由：“自主性就是意志服从自己制定的法则，因此需要对自身的行动准则进行普遍化的道德审查，并对自身的动机进行实践理性的

① 转引自朱智贤、林崇德《思维发展心理学》，北京师范大学出版社，1995，第33页。

② 雅图辞书编委会编《新编现代汉语大词典》，吉林出版集团有限责任公司，2012，第1577页。

③ 张春兴主编《张氏心理学辞典》，浙江教育出版社，2019，第74页。

约束，如此才能确证自由之存在"[1]。另一方面是自主性的思想，"自主性"的发展，主要有"独立需求，自我感情，自我的确立"等内容。[2] 后来许多思想家对自主性的理解加入了"环境"这一要素，讨论有机体与环境的辩证互动关系。不过在马克思主义看来康德对自主性的描述具有唯心主义倾向。

在马克思恩格斯的人学思想中，从"现实的人""完全的人""自由和全面发展的人"等方面阐述了人的本质和自主性。

作为"现实的人"，马克思在《关于费尔巴哈的提纲》中首次提出了关于人的本质的论断："人的本质不是单个人所固有的抽象物，在其现实性上，它是一切社会关系的总和"[3]。马克思认为：人是感性的，人是实践的人，人是主体的人，"现实的人"是以实践为基础的主体，是发生在人与人平等关系基础之上的，人的平等、人格、尊严都体现在现实的生产活动和现实的社会关系中。基于此，"现实的人"是平等、有人格、有尊严的人。

作为"完全的人"，马克思在《1844年经济学哲学手稿》中指出："就是说，为了人并且通过人对人的本质和人的生命、对象性的人和人的作品的感性的占有，不应当仅仅被理解为直接的、片面的享受，不应当仅仅被理解为占有、拥有。人以一种全面的方式，就是说，作为一个总体的人，占有自己的全面的本质。人对世界的任何一种人的关系——视觉、听觉、嗅觉、味觉、触觉、思维、直观、情感、愿望、活动、爱，——总之，他的个体的一切器官，正像在形式上直接是社会的器官的那些器官一样，是通过自己的对象性关系，即通过自己同对象的关系而对对象的占有，对人的现实的占有。"[4] "完全的人"体现在自我上，是自我意识的生成；体现在社会实践中，是个人与社会成员的互动过程中，使自己更加完善的能力，人的个性得到充分的发展，从而实现与自然、与自己、与他人、与社会的和谐相生，独立地去建构自己完全的精神世界。

马克思在《政治经济学批判（1857—1858年草稿）》中提出人的发展

① 〔德〕康德：《道德形而上学的奠基：注释本》，李秋零译注，中国人民大学出版社，2013，第63页。

② 钟启泉：《西方德育原理》，陕西人民教育出版社，1998，第105页。

③ 《马克思恩格斯选集》第1卷，人民出版社，2012，第139页。

④ 《马克思恩格斯全集》第3卷，人民出版社，2002，第303页。

经历了三个阶段：人的依赖关系占统治地位的阶段；以物的依赖关系为基础的人的独立性的阶段；人的自由和全面发展的阶段。《共产党宣言》也指出："每个人的自由发展是一切人的自由发展的条件。"[①]"马克思是要把人从抽象的、物的、资本的颠倒统治中，从异化的状态中彻底解放出来，使人获得自由和全面的发展。"[②]

马克思在《关于费尔巴哈的提纲》中提出："全部社会生活在本质上是实践的。"[③] 人通过实践实现了自主性，人在实践的基础上，改造了自然，是历史活动的主体。

马克思恩格斯提出人的自主性实现是受到社会关系制约的，而且人的自主性是通过社会实践完成的。

（二）高职院校学生的认知自主性

高职院校学生的自主性是高职学生能够自己支配自己的认知活动，自由地确定目标，有持久的动力，有能动性，有意志力，独立自主地完成职业教育认知活动。高职院校学生的认知自主性为学生职业教育认知生成提供内部驱动力，是高职院校学生职业教育认知的驱动系统。新时代高职学生具有强烈的自主意识，通过自己的信息加工结果来看待人和事件，不以教育权威的评价为准。在个体的自我中，他们敢于表达自己、表达自己的观点，虽然有时候看起来不那么具有逻辑性；在关系的自我中，对于教育者没有权威的概念，追求与教育者的"平等关系"，追求与同学的"平等关系"；在集体的自我中，保持自己看起来特立独行。

在自主性方面，我国的现代教育经过百年求索，已经有了成熟而完备的理念、原则、制度等。高职院校学生职业教育认知需要教育者的引导，一方面，高职院校学生的世界观、人生观、价值观尚未完全形成，其自主性的提升需要有正确方向的指引，避免受到不良社会风气的影响。另一方面，又要使"教育的引导"与"学生道德认知自主性"二者之间形成一种内在的平衡。认知的最高境界是为了求真、向善、审美，并认为这一切是

---

① 《马克思恩格斯选集》第 1 卷，人民出版社，2012，第 422 页。

② 罗苹：《马克思的个体自主性思想》，《光明日报》2015 年 8 月 26 日。

③ 《马克思恩格斯选集》第 1 卷，人民出版社，1995，第 56 页。

合规律性、合目的性、合感受性的。因此教育者要引导学生自己为自己立法，同时学生又能坚持自主地去实现这一目标，并且保证有自己做主的能力，增强自己的道德意识。在教育者的引导下，通过提升认知能力，处理好与自己、与他人、与社会的关系，以真正地具备自主性。

（三）高职院校学生的自主性构成

高职院校学生的自主性系统由自主性管理、自主性动力、自主性调节三个部分构成。

第一，自主性管理。需要高职学生自我认知，然后才能进行自我管理。

首先，高职院校学生自我认知。古希腊哲学家苏格拉底提出："认识你自己。"而认识自己的目的是自我认知的升级，打破各种限制，最终获得精神世界的真、善、美。有的高职学生具有自卑、自负、从众、敏感等特点，每个人都有自己的闪光点，也有自己的脆弱处，只是他们不善于、不会表达或不敢表达自己的脆弱，反而用刺把自身包裹起来。他们不知道如何和自己相处，不知道自己有那么多优点，不知道自己的缺点在环境变化的时候也会成为优点。良好的自我认知，使学生能够了解自己的思想和价值观，了解自己的气质、性格、兴趣、爱好和能力等，对自己进行实事求是的评价。如果对自己的评价过低，容易自卑，如果对自己的评价过高，则容易自负。实事求是地对自己进行全面、客观而深入的分析，了解自己的优势和劣势，了解自己的感知、思维和意识，接纳自己，才是自信的表现，也是正确的自我认知。

其次，高职院校学生自我管理。就是自己管理自己，自己能够掌控自己的大脑、情绪、意志力用于认知活动，对于自己的思想、行为进行控制，实现目标的过程。尤其在这个信息爆炸的时代、注意力被争夺的时代，自我管理显得尤为重要。"00后"一代不同于"70后""80后"，那时候学生的选择相对较少，选择成本也较低，而"00后"一代面对各种各样的选择，容易目眩，从而选择错误。要进行自我管理，其一，高职院校学生需要确定合理的认知目标，目标一定要具体，建立目标体系。其二，制定科学的认知计划，分解目标，进行计划，并且写在自我管理簿上。其三，确定适宜的策略。高职院校学生确定采用适宜的时间管理策略，确定每周、每日、每小时的认知任务；确定采用适宜的认知策略、运用元认知技能；确定采用适宜的情绪策略，因为积极的情绪策略对认知具有协调、组织、促进作用，消极的情绪对认知具有破坏、阻断的作用。其四，建立自我监督机制，高职学生定期根据任务监督自己的完成情况，在自我管理簿上做登记，对自己的任务进程和效果进行评估，对于已经实现的预期目标可以奖励自己。其五，自我调整，高职院校学生对认知活动没有完成或出现状况的地方进行积极的调整，如调整时间、情绪、认知策略等。其六，自我评价，高职学生在完成认知任务后对自己进行总结性评价，哪里有成就，哪里有失误，在元认知策略上自己哪些方面运用得合适。多次往复的操作训练是必要的，需要教育者指导高职学生养成习惯。习惯的形成离不开自律，而自律能够促使学生进行自我约束、自我管理、自我反省；自律能够抵御拖延、诱惑；自律是权衡情感、意志和逻辑思维的理性力量，也是一种极其重要的品质。学校培养自律能力，社会实践展现道德自律。

第二，自主性动力。能够调动自主性动力，需要高职学生有理想信念，有精神需求，有正确的价值观。

首先，高职院校学生有理想信念，理想是人所特有的社会本质，人们在头脑中有观念，然后观念指导生活，人应该知道如何生活，知道好的社会应该是什么样的。高职院校学生从孩提时就有理想，那是个人理想。人具有社会属性，离不开赖以生存的社会，高职院校学生不仅有个人理想还需要有社会理想，中国特色社会主义是我们共同的理想，共产主义是我们的远大理想，我们要坚持以马克思主义为指导，为实现中国梦注入青春能量。一个人一旦有了理想，就有了强大的动力。信念是认知、情感、行为的联合体，为人们实现理想提供了强大的动力。石可破也，而不可夺坚；丹可磨也，而不可夺赤，信念以意志和情感为支撑，情感是信念力量的源泉。理想信念按照内容划分，分为社会理想信念、道德理想信念、职业理想信念和生活理想信念。道德理想信念、职业理想信念和生活理想信念归为个人理想。高职学生是有个人理想的，但调动自己的认知、情感去实现理想的力量感相对较弱。还有少部分学生，在网络世界里开疆扩土，实现“人生目标”和“成就”。认知、情感、意志是高职学生的薄弱之处。大多数高职学生的认知有不合理的地方：理想是有的，但是没有形成清晰具体的规划；在情感方面，要考量高职学生对于理想是不是发自内心的向往，只有发自内心的向往，身体才会有强大的力量和战胜艰难困苦的决心。多数高职院校学生对自己缺乏信心，长久以来的挫败，让他们失去拼搏的勇气，意志力薄弱。教育者在“坚定理想信念”这一章节，不是讲了理论、讲了内容、讲了视频，教学任务就完成了。理想信念这一问题，对于高职院校学生来说需要注意以下三点。首先，改变错误的理想认知，这需要教育者多次长时间地引导。其次，感性与理性相结合，通过刺激调动学生内在的需求，引导需求与人生愿景相结合，从情感上找到最根本的动力，从理性出发找到正确路径。最后，通过情境、实践，让学生解决力所能及的问题，提高他们完成任务的成就感，让他们重塑信心。以前的失误，有可能是方法的问题，有可能是环境的问题，有可能是自己某一个方面具有短板，要明确自己的优势和短板，而不是放大短板的负面影响，因为短板不代表全部的自己。正如习近平总书记所说：“新时代的中国青年要以实现中华民族伟大复兴为己任，增强做中国人的志气、骨气、底气，不负时代，不负韶华，不负党和人民的殷切期望！”① 高职院校的目标是培养高素质的技术技能人才，主要是将理想信念和职业道德、工匠精神相结合；培养学生有理想和信念，促使其践行社会主义核心价值观。

其次，高职院校学生有精神追求。人有物质需求和精神需求，根据马斯洛需求层次理论，低层次的需求是生理需求和安全需求，高层次的需求是归属、被尊重、认知、审美和自我价值实现。有部分高职院校学生把需求建立在物质上，这有家庭教育的原因，也有自我选择的成分。还有部分学生希望有归属、被尊重、实现自我价值，但是由于对上述概念理解得模糊，在理论逻辑与路径选择上就难以一致；有的高职学生不清楚怎么做，感到迷茫。需求在被刺激的情况下，会产生心理紧张感，为了消除这种紧张感，机体会产生动机，产生目标，会调动身体力量来完成目标。教育者需要引导学生，物质需求是人生存的必需，但是如果沉陷在物的世界里，人就会被物化，越追逐于无限性的物，就越空虚。而精神世界，才是让人幸福的追求。教育者刺激学生产生内在的高层次需求，帮助学生确定规划目标，学生自己会产生力量，以实现目标。

最后，高职院校学生价值观正确。价值是指客观事物对于人的需求的满足及满足的程度。价值观是在人们对事物价值的判断基础上形成的，是

---

① 习近平：《在庆祝中国共产党成立100周年大会上的讲话》，人民出版社，2021，第21页。

由社会的物质生活条件决定的。马克思认为："在不同的占有形式上，在社会生存条件上，耸立着由各种不同的、表现独特的情感、幻想、思想方式和人生观构成的整个上层建筑。整个阶级在它的物质条件和相应的社会关系的基础上创造和构成这一切。"[①] 当外物刺激个体时，个体经过信息加工系统，将信息储存在长时记忆中，与原有的知识经过同化、顺应和平衡的过程，把外在的认知变为自身观念，经年累月地对外界进行价值判断，形成自身的价值观。当应对刺激物的时候，观念系统进行选择性注意，也就是那些自己认为有价值的、有意义的事物，才会进入到自己所注意的领域中；个体认为有价值、有意义、符合自身价值标准的事物才会引发个体的关注和兴趣。学生在进入高职院校之前，就已经形成价值判断，价值观初步形成，但并未完全建成。在价值观方面，学生受到来自家庭的主要影响，不太容易改变。教育者"要锤炼品德，自觉树立和践行社会主义核心价值观，自觉用中华优秀传统文化、革命文化、社会主义先进文化培根铸魂、启智润心，加强道德修养，明辨是非曲直，增强自我定力，矢志追求更有高度、更有境界、更有品位的人生"[②]。要引导学生对一些事物进行客观的判断，纠正其价值观中有失偏颇的地方，置换其头脑中的不正确观念；坚持以人为本，对价值观的培养要回到生活的本源，贴近实际，贴近生活，贴近学生。

第三，自主性调节。在自主性调节中高职学生需要得到温暖、得到尊重，并且具有坚强的意志品质。

首先，高职院校学生需要温暖感。因为衡量基础教育最重要的标准是学习成绩，高职学生在基础教育阶段在情感方面获得的消极关注居多，积极关注较少。当个体自尊感很低的时候，学生就会认为自己很差劲，继而认为自己容易遭到拒绝。在人际关系中，多表现为退缩和保守。温暖感包括我们身体感受到的物理温暖和心理感受到的社交温暖，"我们已经考察了触觉的内在情绪（感觉），以及社交温暖和身体温暖之间的相互关联"[③]。因为我们在感受温暖的时候，也会感觉幸福、安全、信任。教育者应该在生

① 《马克思恩格斯选集》第 1 卷，人民出版社，1995，第 611 页。

② 仲呈祥：《培根铸魂：启智润心——习近平总书记考察清华大学重要指示学习体会》，《艺术教育》2021 年第 5 期。

③ 〔美〕大卫·林登：《触感引擎手如何连接我们的心和脑》，间佳译，浙江人民出版社，2018，第 180 页。

活上和学习上给予学生温暖、爱护、支持和安慰，所以在这个层面上，教育者可以在情感上积极倾听他们的内心，关注他们的积极方面，理解他们的消极思想，回应他们的困惑，倾听他们的故事，让他们感觉自己得到了积极的关注。让他们感觉自己如此重要，感觉自己有价值，自己虽然存在不足的地方，但是优点也有很多。当学生的自尊需求和温暖需求得到满足的时候，他们是幸福的、积极的、有力量的，就能够更好地处理自己的情感，处理自己与他人的情感、与社会的情感，在自主性的表现上，不带有负面情绪，更积极勇敢地去开拓进取。

其次，高职学生需要得到尊重。从人的需要层面来说，尊重是高层次的需要。教育者如何尊重学生？第一，教育者尊重学生，走进他们的内心世界，倾听他们的喜怒哀乐，这样教育工作才好开展，尊重不是手段，是教育的重要要求之一，是用一个灵魂去唤醒另一个灵魂。苏联著名教育家苏霍姆林斯基曾提出："让每一个学生都抬起头来走路!"要尊重学生的人格，尊重学生的差异，尊重学生的情感，尊重学生的观点。在自主性方面尊重学生的话语权，就应该培养学生对一些事情进行理性判断和评价；尊重学生，就应该培养学生的批判性，允许他们探究性地质疑，指导他们如何提问、如何反驳、如何辩证思考，如何掌握分析、综合和评估的高阶思维方式。第二，尊重学生也应该教会他们如何获取尊重。

最后，高职学生应具有坚强的意志品质。有目的性、独立性、果断性、坚韧性、自制力、勇敢都是意志品质的组成部分。很多人的成就事业都与意志相关，当个体退缩、中途放弃、畏葸不前、优柔寡断的时候，就错过了很多成就事业的机会。高职学生是我国实现全面现代化的中坚力量，培养高职学生的意志品质犹为重要。这也是认知活动知、情、意、信、行环节中重要的一环。如何培养高职学生的意志品质？其一，树立理想信念，人一旦树立了理想目标，并坚信其一定能够实现，那即便有艰难困苦，都能够克服并坚持。其二，具有责任感，责任感不是人人都具有的，有的学生考虑自己多于考虑别人，责任感就会弱，要勇于、敢于承担责任，并能够尽最大努力做到最好。其三，提高专业操作技能，学生通过技能训练，发现自己是可以完成任务的，能够逐渐建立信心，一次次小的成功的积累，就能使学生相信，坚持是可以取得成功的，功崇惟志，业广惟勤。其四，参加社会实践，通过参加社会实践，提高自己解决问题的能力，提高人际交往能力，在与社会的融合中，完善自己。其五，参加体育锻炼和体育竞赛。体育锻炼可以调节人的情绪，缓解紧张和不安，促使情感得到发泄；同时在体育锻炼的过程中，要同天气、懒惰、困难、劳累等做思想斗争，最终靠坚持完成任务；在体育竞技过程中，要增强竞争意识与协作意识，增强集体荣誉感。

提升高职学生的自主性，需要自主性管理、自主性动力和自主性调节三个方面的有机结合，同时自主性动力和自主性调节为自主性管理奠定了基础，有自主性动力和自主性调节作为支撑，自主性管理才能顺利进行。

第三节　高职院校学生职业教育的认知客体

我国文化很早就总结出认知对象的内容。周易的《贲卦·彖传》中提出："刚柔交错，天文也。文明以止，人文也。观乎天文，以察时变。观乎人文，以化成天下。"这段话表明自然界有自然界的规律，人类社会有人类社会的规律，治国理政要尊重这些规律，以教育感化民众。"天文"和"人文"是教育的内容，同时也是民众认知的主要客体。"老子哲学将认识的客体分为两大部分、三个世界：天道，即物质世界；人道，即人类世界和精神世界。"①

认知内容可分为自然客体、社会客体、精神客体。高职院校学生在教育者的引导下按照自己的目标来认知和改造认知客体，同时认识认知客体的性质、特点、关系、本质、规律等，从而提高自己认识和改造世界的能力。高职学生的认知活动就是在对认知客体的属性、关系、本质、规律的认知和改造中，实现自己认知和改造能力的升级。

高职院校学生认知的内容，从空间场域来说，认知对象在深度和广度上不断扩展；从时间维度来说，认知过程是从未知对象到已知对象的转化过程，是高职院校学生掌握和利用认知对象的过程。按照马克思主义的理解，世界上没有不可认识的事物，只有尚未被认识的事物。随着人类实践的深入和科技的进步，尚未被认识的事物也可转化被认识的事物。高职学生对于认知活动，少数情况下是直接经验的认知，多数情况下依赖的是人

① 蓝进：《老子哲学》，中国海洋大学出版社，2019，第47页。

类的知识成果，科学的知识体系是一种特殊的精神客体。高职学生的认知内容是以精神客体为主、自然客体和社会客体为辅的；而这种以精神客体为主的认知活动，通过观察、认知、测试，以掌握其运行规律，在未来把它们发展为实践对象，恰恰是为了学生日后能更好地改造自然客体和社会客体，更好地进行实践。

一　认知内容的结构

在认知内容的结构变化中，自然客体成为人类最早研究的客体，因为要解决生存问题，所以人类要与自然界建立联系，在与自然界互动的过程中不断总结经验，发现规律；再后来要解决自身的存续问题，于是关注社会的繁衍，解决人与人、人与社会的关系问题，在社会发展过程中，通过对社会客体的研究发现社会规律；再后来，随着生产力的进步，生存问题得到解决，人类开始关注自身，关注在自然客体和社会客体相互作用基础上形成的精神客体。

第一，自然客体，荀子说："天行有常，不为尧存，不为桀亡。"大自然有自己的规律，不以人的意志为转移。《周易·系辞下》云："古者包牺氏之王天下也，仰则观象于天，俯则观法于地；观鸟兽之文与地之宜；近取诸身，远取诸物，于是始作八卦，以通神明之德，以类万物之情。"我国古人认识到天地人的生命现象、物理现象、气候现象等，是客观存在的，人类不能改变，只能观察研究。

首先，按照马克思主义对于自然客体的理解，并不是所有的自然界都是自然客体，只有那些在成为人类实践和认知的对象并从客观世界中分离出来的一部分或者一个方面，才成为自然客体。也包括人类以自身为对象的认知和改造活动，人具有自然属性和社会属性，人的身体也是属于自然界的，人既是认知主体，在特定情况下，也是认知的客体，比如自我认识和自我改造或教师对人体的研究，认知科学对大脑神经的研究。列宁把自然客体分为四类：自在客体、观察天体、改造客体、"为我"客体，即人化的客体。"人类实践不断深入的过程，就是自在客体→观察客体→改造客体→'为我'客体转化的过程"。[①] 这是列宁对认知客体的广义分类，也是

① 刘德福：《马克思主义坚持与发展》，山东人民出版社，1991，第 234 页。

对马克思恩格斯关于客体理论的完善与发展。

其次，职业教育中学生认知活动的认知对象——自然客体，因为人具有特殊性，人是自然界的一部分，是自然生态系统中的一个系统，这个系统需要与自然界进行能量交换，所以学生的认知活动不可能离开自然界，也就不可能离开自然客体；在城市化进程中，高职学生生活在系统化的精神客体认知中，离真正的自然体验、体悟、实践还是有距离的。身体是自然界的一部分，我们需要通过身体与自然界的接触、体验、感受，才能形成更深刻的认知。通过自然科学的操作，来更深刻地掌握、利用自然；通过对人化客体的体悟，激发为社会主义事业贡献力量的情感；通过对祖国大好河山的体悟与深度联结，来激发爱国主义情感。

第二，社会客体，社会客体的研究对象是社会，指的是社会存在和社会关系。人具有自然属性，同时具有社会属性，人是在社会关系中改造自然。在社会客体研究中，社会主体和社会客体是统一的。

首先，按照马克思主义对于自然客体的理解。列宁评价马克思“把唯物主义对自然界的认识推广到对人类社会的认识”①。马克思和恩格斯指出：“人们自己创造自己的历史，但是他们并不是随心所欲地创造，并不是在他们自己选定的条件下创造，而是在直接碰到的、既定的、从过去承继下来的条件下创造。”② 社会主体和社会客体是相互对立、相互依存、相互转化的。

其次，职业教育中学生认知活动的认知对象——社会客体，高职学生从一出生就处于社会存在和社会关系之中，正如马克思所说：“人创造环境，同样，环境也创造人”③。社会客体的变化发展，取决于社会主体的素质、能力、知识结构、创造的工具和对自然界的利用；而社会主体也受到社会存在和社会规律的制约，社会主体不是都能按照自己的意志来改变社会客体的，社会主体要在客观了解社会存在和遵循社会规律的基础上，对社会客体进行改造。从这个层面来说，高职学生即将是我国社会的建设主体之一，社会客体的变迁和发展离不开社会主体自我能力的提升及对社会

---

① 《列宁选集》第 2 卷，人民出版社，1972，第 443 页。

② 《马克思恩格斯选集》第 1 卷，人民出版社，1995，第 585 页。

③ 《马克思恩格斯选集》第 1 卷，人民出版社，2012，第 172~173 页。

规律的掌握和利用，从而促进生产力的发展，使各种制度不断完善。虽然社会客体不是高职院校学生职业教育认知的主要方面，但是高职学生离不开这样的社会存在，也深受其影响。未来社会生产力的发展需要有高职学生的参与。高职学生的进步与发展，离不开社会实践，离不开社会客体。社会存在、社会现象、社会关系是高职院校学生职业教育实践能力培养的客体。

第三，精神客体。精神客体是精神产品和精神现象成为高职院校学生职业教育认知指向的对象，是人类智慧的结晶。其中还含有精神主体的对象性活动以及作为主体的自我认识和自我改造。

首先，精神客体的范畴。精神客体包括：主观的精神活动，即感知觉、表象、思维、逻辑等心理活动和现象；客观的精神成果，主要是用文字、语言、图片、符号、视频等形式表现的与自然客体、社会客体以及与自我相关的科学理论，法规、制度、文学、艺术等，其载体为书本、磁带、光盘或者是计算机存储系统等。

其次，优化职业教育课程体系，丰富文化教育内容。职业教育课程应发挥主渠道作用，立足文化自信培育，深入挖掘不同类型与形式的教育元素，将其融入学生成长发展过程，对学生进行思想引导。一是将文化资源融入职业教育课程，文化是高层次认知，在无形中对学生渗透先进文化价值观，让学生逐步认识中华优秀传统文化的先进性。比如，在“毛泽东思想和中国特色社会主义理论体系概论”课程中，可以运用红色歌曲、红色美术作品等资源，向学生生动阐释毛泽东思想形成的历史背景，增强学生对“实事求是”“武装斗争”等理论的理解，同时深刻感受红色文化的重要思想价值，提高对红色文化的热爱程度。在“思想道德与法治”课程中，可以引用儒家、道家等古代先贤的思想言论，引导学生形成爱国主义、诚实守信等优良品质，进一步激发学生学习中华优秀传统文化的兴趣，深刻把握中华文化的思想内涵。二是优化课程结构，开设传统文化选修课程，让学生系统学习中国古代历史、书法、绘画等，不断提高对中华优秀传统文化的认知水平，在潜移默化中滋养文化情感。

二　认知内容的特点

第一，认知内容的客观性，认知客体的发展是客观的，不以人的意志为转移，有自身运动发展的规律。对自然客体的科学研究并不是对自然客体的简单描述，而是通过对自然客体的观察、实验、测试，来发现科学规律，人们是利用规律、在符合规律范围内来改造自然客体，使其达到满足人类需求的目的；社会客体具有规律性，人们对社会客体的改造同样遵循“社会存在决定社会意识，社会意识反作用于社会存在”这一原则，历史上也有违背社会规律的实践，但是都失败了；人的精神客体同样是有规律的，人的大脑通过对客观世界的认识，形成了对外在客体的结构、特点、属性、作用、规律等方面的认知，经过大脑的信息化处理，运用感觉、知觉、表象、思维加工转变为信息，这些认知可以储存在大脑中。当然也可以储存在特定的以物质形态为载体的物上，比如书本、光盘等。与精神客体对应的外在客体在大脑中以信息的方式存在，或在书本中以符号的方式存在，但都是具有客观性的，且具有规律，不以人的意志为转移。职业教育工作要符合认知规律，以教育者为引领，尊重学生的客观实际，遵循规律促进学生的实践改造和自我精神改造。

第二，认知内容的历史性。马克思主义可知论以及认识实践和科学的发展，都证明了世界上的事物和现象是可以被人们认识的，同时人的认知活动又是无止境发展的。比如，古人只能遥望浩瀚的星空，而随着现代科技的发展，人类已经实现了登上月球的梦想，中国载人登月工程规划也正在逐步实施，预计在 2030 年前后实现航天员登月。科学技术的进步、生产力的显著提升必将导致社会客体的发展随着人类社会自身的繁衍生息而无止境地向前。在时间维度上，人类的精神客体代代相传、代代创新，精神客体的载体也代代更新；世界的可认知性和认知活动的无限性，是认知客体历史发展的前提。职业教育的内容以精神客体为主，其中的道德教育在我国有几千年的历史，是承载过往、蕴含现代、继往开来的过程；同时职业教育的工具无论是物质工具还是思维工具都经过了历史的传承。

第三，认知内容的对象性。客观事物之所以能够成为认知的对象，首先是因为其成了实践客体，根据人的需要和目的被改造，继而也成为认知主体行为的对象，和认知主体产生了对象性关系，人在改造客观事物的同时，也认知了客观事物的属性、结构、本质、价值等方面的内容，在这个过程中认知主体也改造了自己。随着人类实践的不断扩宽、深入，人类认知活动也不断深入，认知的对象也越来越多。认知主体和认知客体是互为前提、相互依存和互相限制的，认知主体在实践和认知中及同客体的相互关系中，满足了自己的需要，也把认知客体改造、占有，从而成为自身的一部分。因为自然界中的客体有无限个，但是并不是所有的客体都是认知客体，只有那些与认知主体发生对象性关系的，我们才界定为认知客体，所以说认知客体的对象性是最根本的特性。列宁指出："自然界既是具体的又是抽象的，既是现象又是本质，既是瞬间又是关系。"① 这说明，认知客体有的具有实体性，有的瞬间易变，有的不具有实体性，有的需要人的思维工具来进行分析才能发现的本质规律，但是认知客体必须具有对象性，认知客体的对象性是处于运动、变化、发展中的。高职院校职业教育认知活动中，教育内容是高职院校学生职业教育认知的内容，是以精神客体为主的认知活动。教育内容可以是知识的形式，也可以是实践的形式，学生与认知客体发生对象性关系，实现知识的建构、信念的形成、实践的谙熟，从而高职学生达到职业教育的应然状态，使其思想政治素质符合一定社会、一定阶层对人民思想品德的要求。

第四，认知内容的合目的性。并不是所有的事物都可以作为认知客体，只有与人建立关系的客体，才属于认知客体范畴。自然客体，之所以能够引起认知主体的感觉、知觉、注意，并被认知主体实践、认知、掌握，这是因为其符合认知主体的目的，本质是满足人类生存和发展的需要；自然客体中很多具有美丽的颜色、对称的结构、有序的组织、动人的声音等，看起来兼具美感的事物，也同样能够吸引人，那是因为其满足了人对美感的需要。社会客体之所以能够引起认知主体的注意，是因为人类自身就存续于其中，受社会客体的影响。人也仅仅能够在符合生产力规律的基础上来改造社会，人具有自然属性和社会属性，不能孤独生存，原始社会人类为了抵御自然风险、战胜大型动物来获取食物及自身的繁衍，在血缘关系基础之上形式了早期的社会关系，社会客体满足了人类的社会性需求，同时也为人更好的生存和发展提供机会；精神客体之所以能够引起人类的注意，是因为人类要与自然客体、社会客体、自身和谐相生，所以一方面为了整个社会的有序发展，需要有知识的传承，需要有秩序的生活方式、思维方式、价值观念等的形成；另一方面，认知主体自身也是精神

① 《列宁全集》第55卷，人民出版社，1990，第178页。

客体，其在与自然客体、社会客体对象化的过程中，也改变了自身大脑里的认知。

高职院校学生职业教育认知就是这样的过程，是在教育者的引导下，高职学生通过将社会意识、思想观念内化，形成自身的思想，高职学生通过改造自我，以一定社会和阶层的要求为标准，外化于行。这个过程说起来简单，但是有很多环节，做起来也有一定难度。当高职院校学生职业教育工作认知的内容符合高职学生的目的时，高职学生是积极参与的，顺利同化、顺应知识，将思想观念吸纳到自己的认知结构中，或者改变知识结构以适应新的思想观念，这个过程一定不是外在强加的，是合目的性的。合目的性的认知是具有原始动力的，从而摆正自己在自然客体、社会客体中的位置，在全面建设社会主义现代化国家的伟大实践中，努力地提高自身文化素养、政治素养、道德素质，提高解决问题的能力，积极进取，为社会主义事业贡献自己的应有之力。

三　认知内容的规律

认知主体并不是无限制发挥自身主观能动性的，其要想实现特定的目标，就需要有特定的认知客体，很大程度上取决于对自然客体的认知的广度、深度、水平，并且其行为符合认知客体的规律。不过也正是因为人能够运用思维，具有意识，所以能够发现和揭示自然客体的本质联系，即规律性。也因此人类发现了地球和宇宙的必然规律，发现了万物生长的规律，发现了人类自身的规律……并把这种对于自然客体规律性的认识，应用到实践中去，有目的地改造自然客体。社会客体的规律性制约着社会主体的目的，“马克思在充分肯定人类生存需求的作用的基础上，从人类系统与自然系统间的关系入手，引入社会实践，从满足需求的方式、社会手段入手，肯定人类征服自然、改造自然的生产活动在历史发展中的主导地位，阐述生产力与生产关系、经济基础与上层建筑之间的辩证关系，把握住社会分工协作体系中对社会生产、社会资源有不同支配能力的各个集团的性质，从不同社会集团之间的性质和冲突去认识人的本质。”① 精神客体具有规律性。马克思主义认为：物质第一性，意识第二性，离开物质的精神客体是

---

① 刘元春：《论马克思制度整体主义分析方法》，《当代经济研究》2001 年第 6 期。

不存在的，物质世界的规律性决定精神客体的规律。精神客体的运动方式和形式，从现象到本质，从归纳到演绎，从抽象到具体，是精神客体独有的。高职院校学生职业教育认知方面的政治、思想、道德教育，属于社会意识形态，是一定经济基础的上层建筑，具有阶级性、历史性和社会性；其内容也是精神客体，符合精神客体运动和大脑加工规律。认知科学的空前繁荣为人类揭示了更多的关于高级认知过程及大脑神经工作系统的规律。

四　认知客体的价值

马克思指出："'价值'这个普遍的概念是从人们对待满足他们需要的外界物的关系中产生的。"① 价值是主体需要和客体属性之间现实关系的体现。

自然客体价值，是其满足认知主体需求的价值，人类的利益需求是评价自然客体价值的尺度。人类在按照自身的需求认知自然客体和改造自然客体的过程中，满足了衣食住行等物质需求；同时人类在改造和征服自然客体的过程中也对自然客体的生态环境造成了危害，生态系统要处于平衡的环境之中，自然客体对人类的生态价值也逐渐进入人类的视野，良好的生态能够满足人类的审美需求。

社会客体价值，实践是价值的逻辑起点，人类的伟大实践，创造了众多横贯历史的伟大建筑，是社会存在的一部分；社会生活实践是具有价值的，无数人的社会实践推动了社会的进步和发展，人类的创造性推动了国家的进步；人的价值体现即人的自由和全面发展，具有重大的现实价值，历史上的奴隶社会、封建社会对人的自由和全面发展起到阻碍作用，而当今我国的社会主义社会是对人的自由而全面发展的伟大践行者。

精神客体价值，精神客体的价值是现实客体价值的创造性展现，其帮助主体认识自然客体和社会客体的发展规律，提高人的能力，完善人格。追求真善美的精神客体对人类的生存和发展具有重要的精神价值；精神客体是人类优秀文化的结晶，是历代传承的结果，是历史上和现代伟大思想的传承，因而具有思想性价值。随着科学技术的发展，人类真正进入了知

① 《马克思恩格斯选集》第1卷，人民出版社，1995，第611页。

识经济时代，知识、科学技术给国家带来的利益是巨大的，知识创造了巨大的价值。例如，《中华人民共和国国民经济和社会发展第十四个五年规划和2035年远景目标纲要》是我国产业升级实现全面工业化的伟大蓝图。这一切是精神客体的知识性和创新性价值的体现。高职院校学生职业教育认知内容的精神客体价值在于，为国家培养创新性技能人才，培养我国现代化建设的实施者。

第四节　高职院校学生职业教育的认知中介

高职院校学生认知的中介是教育者按照高职院校学生职业教育认知目标和针对高职院校学生职业教育认知所具有的特点来设计的。教育者按照高职院校学生职业教育认知的目标，帮助高职学生调整认知目标，通过高职院校学生职业教育认知的内容、方法和工具，有效地建立认知结构，在认识客观世界和改造客观世界的同时改造主观世界，生成符合社会主义现代化要求的世界观、价值观、人生观，提升其认知能力。

一　高职院校学生职业教育的认知方法

在信息化、网络化、新媒体时代，高职院校的认知方法、手段需要与时俱进，因材施教。数字化新媒体作为新兴媒体，必然有其积极和消极两个方面的影响。高职院校应发扬其积极影响，优化认知方法，避免其消极影响，引导高职学生从信息海洋中，进入有秩序的真实世界学习和生活。高职院校学生职业教育认知具有特殊性，所以亟须教育者在认知方法方面进行调整和创新。

（一）优化认知策略，以提升高职院校学生职业教育的认知效果

高职院校教育者应优化认知方法，使自己的职业教育课程更符合认知规律，也更符合高职学生的认知特点。认知是通过听、阅读、视觉的观察、操作的进行，从感性认知上升到理性认知的过程，然后用理性认识指导实践，循环往复，螺旋上升。大脑认知在每一个环节都有相应的认知策略。教育者必须在遵循认知规律的基础上，掌握并传授给高职学生相应的认知策略。教育者不仅在教育过程中使用认知策略，还要把其传授给学生，让

学生掌握认知策略，掌握高级的信息加工方式。高职院校学生职业教育者需要在课程标准、教学设计、教案、PPT中进行系统化的认知策略运用，运用感知策略、注意策略、记忆策略、想象策略、语言策略、思维策略、问题解决策略、知识表征、图式、精细加工、组块记忆等方法。在充分了解学情变化和高职学生认知特点的基础上，与时俱进地进行高职院校学生职业教育认知的策略优化与调整。

首先，教育者通过讲故事来提升高职院校学生职业教育的认知效果。在漫长的繁衍过程中，故事是人的基本经验的描述，也是符合语言逻辑的，是人最为熟知的一种建构方式。讲故事是教育者以真实发生的事件或故事为载体，运用叙述法，把蕴含感悟、启发、经验，表达一定的结构、思想、理念的故事传递给学生。“叙事法之为一种思考模式，之为一种知识组织的结构，之为教育过程的一种载具，特别是科学教育。”① 能够运用叙事法讲好故事的教育者，往往更能够吸引人，通过语音能够让人产生画面联想，打动人心，调动情绪，获得结构、意义，这也正是左脑和右脑联合工作的结果。应当鼓励通过叙事法讲好中华典籍故事、爱国故事、伟人成长故事等，讲故事也是中国共产党重要的经验。正如2019年3月18日，习近平总书记在学校思想政治理论课教师座谈会上进一步指出：“这里面，会讲故事、讲好故事十分重要”②，职业教育课程要讲好中华民族的故事、中国共产党的故事、中华人民共和国的故事、中国特色社会主义的故事、改革开放的故事，特别是要讲好新时代的故事。职业教育者通过对故事开始、发展、结局及问题解决的叙事，能够表达心灵的震撼，能够获取经验，并通过经验让学生理解理论，从而实现对学生的指导。

其次，教育者通过皮肤觉、运动觉来提升高职院校学生职业教育的认知效果。职业教育课程一般以理论课程为主，实践多以参与社会活动的方式进行，所以能够开展实际操作的内容不多。高职院校各个专业建设则以实际操作为主，一般实践课程要占到50%以上。职业教育课程与专业课程结合，坚持以三全育人的思想为指导，根据高职学生自身学情特点和专业

① 〔美〕杰罗姆·布鲁纳：《布鲁纳教育文化观》，宋文理译，首都师范大学出版社，2011，第255页。

② 习近平：《思政课是落实立德树人根本任务的关键课程》，人民出版社，2020，第22页。

课程的具象操作环节特点来研究职业教育的教学内容、教学环节、教学方法、教学评价等方面，为国家培养德才兼备的高素质技术技能人才。

最后，教育者通过认知建构的方法来提升高职院校学生职业教育认知效果。其一，合作认知，因为高职学生具有场依存型特点，具有整体性、直觉性，容易受外界环境影响，喜欢与人打交道，能够处理组块信息和关联信息。所以合作学习是适应高职学生特点的一种方式。小组成员相互依存、相互信任、相互讨论、相互沟通，从而完成知识的建构。其二，借助支架，这个支架的作用，就是教育者。其基本环节包括“搭脚手架、进入情境、独立探索、协作学习和效果评价”①。这种方法源于苏联学者维果茨基的“脚手架”理论，可以把脚手架看作一种软的资源系统，在开始之初是教育者来帮助学生建立目标，并进行引导，最终目标是高职学生能够实现独立探索。其三，情境认知，要求学生以现实生活为基础，在现实生活中寻找问题，是知识在现实生活中的真实呈现。具体环节包括：创设与知识契合的社会情境，确定需要解决的问题，进行自主认知设计、协作认知设计，最后进行评价。情境认知，强调的是知识与环境之间的互动。在情境中，高职学生深度参与其中，他们有共同的信念、共同的目标、共同的文化。虚拟仿真技术是职业教育情境认知的良好应用，学生通过移动设备进入虚拟的情境，并成为情境的一部分，对于职业教育来说，该技术的应用能够把高职学生要掌握的陈述性知识和程序性知识以及情感、情境、经验融为一体，给高职学生以接近真实的感受，从而更有利于职业教育工作的开展。

（二）情境、情景和实践教学法

面对一个出生于信息化、互联网时代的“00后”高职院校学生，高职院校很多教育者在职业教育过程中还是采用多年习惯的学生认知方法，因为职业教育课程的理论部分，高职学生理解有难度，所以认知方法的优化也亟待进行，将学生以认知特点为准进行分层，因材施教。高职学生的认知方式具有具象化的特点，他们更习惯于动手操作，动手能力佳。高职学生擅长通过实际操作来进行知识的构建，基于此教育者应根据教育理论设

① 张景焕主编《教育心理学》，山东人民出版社，2010，第246页。

计相应的情境、情景和实践活动。基于以上论述，在职业教育的社会教育方面：除了传统的参观学习、社会调查等社会实践活动，还需要与时俱进，针对受众的社会教育特殊性采用卓有成效的、符合认知规律的方法组合，能够让高职院校学生生活在真实的世界之中，系统性地提升其知识水平和技能。

（三）认知矫正、认知修复的方法

高职院校学生职业教育认知中，需要教育者矫正学生不合理的看法和观点，也需要修复高职学生认知中不合理的思想、态度、价值观。这是有系统方法的：思想观念重塑策略、情感和职业教育融合法、意志品质提升途径、纠正思想认知偏差技巧、优秀榜样的政治教育策略、职业教育疏导与调整。这六种方法在高职学生职业教育认知的优化路径中有具体的操作流程。高职学生有认识事物的能力，能认识客观事物的现象与本质。高职学生生活在一个纷繁复杂的世界中，人不仅要认识世界，还要改造世界，这都要依靠人的认知结构。高职院校学生职业教育认知说到根本就是调整或改变个体原有的认知结构，以建立或生成新的认知结构。

（四）运用数字化新媒体

数字化新媒体的产生给传统的大众传媒方式带来了挑战，电脑、数字电视、手机等电子设备成为数字化新媒体的终端，有数字技术、通信技术、网络技术、大数据等技术支撑；数字化新媒体具有即时性、信息海量、个性化等特点。

数字化新媒体进入了新的阶段，其发展必将促使高职师生认知方法和思维的变革，基于此社会教育层面认知方法有待优化。其一，数字化新媒体充分地运用文字、图片、音频、视频的优势，吸引高职学生的注意力，符合视觉、听觉、感觉一体化的认知规律；其二，由于其内容新颖、丰富、动态、及时、交互性强，对于教育者来说既具有挑战性又具有吸引力，在认知方法方面具有传统方法不可比拟的优势。基于数字化新媒体的积极方面，高职院校应利用数字化新媒体开展职业教育的平台建设，也充分运用文字、图片、音频、视频进行符合高职学生认知规律的教育。例如，利用信息技术、网络技术、VR 虚拟现实技术等进行体验式教学；在丰富交流互动方面，实现答疑解惑的网络化。

教育者通过“视觉图像”提升职业教育认知效果。随着社会的进步和科技的发展及应用，人类社会进入了以“视觉图像”为中心的时代。我国古代视觉多与意象、审美、文化、语言和思维相联系。而现代文化知识不再仅仅以语言符号的方式进行展现，更多的时候在用图像解释语言符号，视觉文化、视觉传播快速地进入大众视野。但是单个图片或者简短的视频表现为碎片化的信息，因为缺乏逻辑系统对于知识的建构意义不大。“图像包含了最基本的单位或元素——母题、主题、意象、结构以及与之相关联的符号”[①]，有逻辑、有秩序、有意义的图像能够滋养人，能够让人找到生活的意义和情怀。高等职业教育多是理论内容，主要方法是灌输，而这些理论内容需要深度思考。显然，这些抽象性的、需要深入思考的职业教育信息体系是与视觉文化时代中人们欲求感官刺激的心理特质相悖的，因此，这样的职业教育信息体系就往往会被受教育者认定为假、大、空，从而遭到他们心理层面上的拒斥。因此仅仅通过记忆知识，考试取得高分，知而不行者大而有之。职业教育的重要目的之一是让人能够找到生活的意义和情怀。根据常涛在《高职院校混合式教学模式改革实践》中的数据，“高职学生最喜欢的学习资源是视频，达到 83.79%；接下来依次为图片、文本、动画、音频，占比分别为 53.21%、47.93%、41.32%、40.18%”。[②]

由此可见高职学生信息接收方式发生改变，而视觉文化的传播更能契合高职学生的特点。有些通过“网红”“自媒体”“网络媒体”传播的图像和视频内容较为肤浅，所传递的价值观影响学生的判断性。高职学生教育者可以从视觉图像承载文化的层面入手，采用具有主体性、逻辑性、结构性、形象性的视频作为学习资源，或是利用一些积极的具有隐性职业教育功能的图文并茂的资源，来解释学生难以理解的理论知识，或是利用源于真实生活的新闻视频、优秀影视作品视频、采访视频、摄影绘画等，这些图像的感性生活经验能够引起高职学生的兴趣，进而引发其进行深层次的思考，从而促使感性认识上升到理性认识。教育者要引导高职学生能够正确地面对千方百计吸引学生注意力的视觉图像信息，帮助其做出正确的

① 《李倍雷学术代表作》，东南大学出版社，2019，第 438 页。

② 常涛：《高职院校混合式教学模式改革实践》，中国纺织出版社有限公司，2019，第 100 页。

选择。

综上，高职院校学生职业教育认知工作应探索新的认知方法，引导学生在信息化的新媒体时代把注意力投注到认知领域，用人性化、情感化、合规的认知方法和即时的、海量的、生动的数字化新媒体竞争，最终达到提升学生注意力的目的。

二　高职院校学生职业教育的认知工具

“工具原指工作时所需用的器具，后引申为达到、完成或促进某一事物的手段；工具是指能够方便人们完成工作的器具，它可以是机械性的，也可以是智能性的。”① “认知工具”是维果茨基最早提出来的，维果茨基在《思维与语言》中提出“工具”“符号中介”等概念。认知工具是在认知过程中，通过利用一定的言语的、观念的、物质的工具，把主体与客体联系成为一个动态性的整体，是认知的一种手段，具体包括物质工具、语言工具、知识工具等。

（一）物质工具

随着现代科学技术的发展，技术帮助知识实现了快速的输入与输出。信息技术工具是认知主体认知器官延长和扩深的手段。当人们已经满足于物质层面的需求时，下一个层面就是精神层面的需求。如今信息和注意力成为资源，那承载知识、信息的工具也必然成为关注的重点，以计算机和互联网为基础的信息技术工具，成为认知活动的工具，例如，知识的输入工具：知识搜索、概念检索、可视图、电子报表、在线信息读取和文件管理；知识的处理工具：推理、分析、专家系统、可视化思维导图，知识库，大数据或资料库；知识的输出工具：智慧学习、概念地图、决策支持系统、多媒体技术、电视会议等。教育者如何引导高职学生利用这些工具实现职业教育认知广度、深度、相关性、联系性、延展性的提升，将每一个知识点联系形成神经通路，有利于大脑神经网络的强化，从而构建有序的认知结构。

例如，云技术是互联网的核心技术，云教学平台也成为一种教学趋势。

---

① 温晓亮、江晶瑶、柴冒臣：《语用与认知语用学研究》，吉林大学出版社，2017，第 52 页。

将 MOOC 平台与云技术相结合应用于在线学习中是师生近些年逐渐习惯的一种教育与学习方式。视频云技术是云计算和大数据技术在视频应用领域的落地，视频云技术的支撑基础是云、管、端的架构。“云”就是指视频云，“管”指的是传输通道，“端”主要是指视频播放器，播放器可以内置于任何一个具体的物理终端中。学生的认知领域从实体的课堂扩展到云端，尤其是最近几年，云技术与 MOOC 平台相结合，“没有围墙的大学”也成为一种教育发展趋势。

（二）语言工具

语言是人类所特有的工具，维果茨基认为理解一个人的言语，必须了解他的思想和动机，这里的语言是一种认知中介。语言会在计划、推理、决策等活动中得到运用。语言在认知的传承上是交流思想、文化、技术的工具，亦是在日常工作生活中交流情感的工具。语言有自己的语法体系，但是无论是日常的口语，还是书面化的语言，或者是数字化的语言，都是我们认知的重要工具。语言不受时空维度的限制，无论是抽象的、具体的，理论的、生活的，都离不开语言工具。马克思认为：“语言是思想的直接现实”①；列宁认为：“语言是人类最重要的交际工具”②。语言的作用，不仅仅是思想和交际的工具，语言又是思维的外壳，是信息的载体，是人类的认知，是人类的审美，是人类认识和掌握自然世界、人类社会、精神世界的符号。一个人如果言语混乱那也意味着思维的混乱。高职院校学生职业教育语言要讲求逻辑性、亲和性、哲理性、真实性、艺术性。

高职学生如果要掌握语言工具，就需要在读、说、写、听等方面进行训练，在课堂教学工作中一定要培养学生在这几个方面表达观点的能力。当然高职院校学生在职业教育认知活动中所使用的语言工具具有教育性，作为一种手段把高职学生与认知内容联系到一起，并且原则上要有逻辑性、亲和性、哲理性、真实性、艺术性，在某种程度上潜移默化地影响了学生的认知方式。同时需要注意，高职院校学生职业教育语言艺术特点要受到政治性原则的限制，要受到意识形态制约。教育者在教学过程中言语上要

① 《马克思恩格斯全集》第 3 卷，人民出版社，1960，第 525 页。

② 《列宁选集》第 2 卷，人民出版社，1972，第 508 页。

温和，抑扬顿挫，同时做到逻辑清晰；职业教育的语言对于高职学生来说最重要的是要有情感、要有亲近感，在语音和语调上要具有美感。在批评学生的时候，在言语上最要注意的是语音和语调，如果用责备的、强烈的、居高临下的语气，学生就难以接受，最终影响到高职院校学生职业教育认知活动的实效。同时，应做到情理交融地描述故事，幽默风趣地处理关系，以柔克刚地解决问题。这样才能得到学生的信任，并且愿意和教育者进行情感的连接。良言一句三冬暖，恶语伤人六月寒。高职院校学生职业教育语言的艺术，能够让学生感受到语言的逻辑与建构，让学生感到温暖，让学生感受到心的安稳，让学生感受到被尊重，让学生感受到语言的吸引力与说服力，让学生也学会驾驭语言。

（三）知识工具

培养学生的世界观、人生观、认识论、方法论是职业教育工作的任务之一，同时世界观、人生观、认识论、方法论也是以知识的形式存在的。但是不可否认，这些知识一旦进入认知与被认知的运动状态中，就不再仅仅是存在形态的“知识”了，而是转变为一种工具形态的知识，也就是要把这些知识蕴含的思维工具转变为学生内在的信息输入与加工的工具。职业教育是用思想观念、道理来引导学生生成正确的符合时代要求的世界观、价值观和人生观。

人类通过归纳来认知这个世界，因而也积累了大量对于自然和人类社会的知识，这些知识经过实践的检验是正确的，也就实现了由特殊到一般；而演绎是由一般推理出特殊的过程。这两种方法基本上是人类认知自然界和人类社会的工具。在知识工具朝着实践转换的过程中，也就形成了认知主体的能力。综上所述，思想、理论、方法是知识存在的形式，是一种“思维工具”的存在形式，当认知主体掌握了这种知识，并运用其指导实践的时候，其又转换为认知主体的能力。

在高职院校学生职业教育认知的三个方面：人、事、策略（方法），学生要掌握做人的道理与做事的道理，并在这个过程中形成技能。高职学生之所以在认知方面面临困境，很大程度上是因为：高职学生的信念、价值观的选择问题以及没有具体落实的方法等。高职学生缺乏对事物认知工具的掌握，在驾驭理论知识工具的时候显得笨拙。在“道”的层面可以用道理、思想、观念等工具来解决，在“术”的层面可以利用具体的工具，但是又要有分寸，不能仅仅依赖于工具。一定是在正确合理的信念和价值观指导下，运用正确的工具方法来达到解决困境的目的，从而优化职业教育工作的情感思维、理性思维、批判思维、创新思维，最终提升其解决问题的能力。

第五节　高职院校学生职业教育的认知环境

高职院校学生职业教育的认知环境是指与高职院校学生职业教育认知有关的，对人的职业知识、职业技能、职业道德的形成和发展产生影响的外部因素。高职院校学生职业教育的认知环境是教育者依照高职院校学生职业教育认知的目标，并且针对高职院校学生职业教育认知具有的特点来规划建设。通过职业教育认知环境的潜移默化的影响，有利于高职院校学生有效地建立认知结构，成为德技双馨的专业人才。

一　高职院校学生职业教育认知的宏观环境

从高职院校学生职业教育认知的国内外宏观环境层面来分析，高职院校学生职业教育认知工作对高职学生来说十分重要，高职院校学生职业教育认知要研究特定的环境。首先，在政治环境方面，在如今国际环境风云变幻、局部冲突不断的背景下，中国共产党第二十次全国代表大会再次为全国人民指明方向：“高举中国特色社会主义伟大旗帜，全面贯彻新时代中国特色社会主义思想，弘扬伟大建党精神，自信自强、守正创新，踔厉奋发、勇毅前行，为全面建设社会主义现代化国家、全面推进中华民族伟大复兴而团结奋斗；”① 其次，在经济环境方面，当前中国已成为世界第二大经济体，经济建设取得了令世界瞩目的成就，市场经济深入人心，但物的价值、物的衡量标准、主体权利等与市场经济相关的经济思想影响着高职学生；最后，在文化环境方面，中国共产党坚持以高度的文化自信把马克思主义同中华文明相融合，增强了中国人民的道路自信、理论自信、制度自信、文化自信。文化自信是我国文化环境的最好诠释。

---

① 习近平：《高举中国特色社会主义伟大旗帜　为全面建设社会主义现代化国家而团结奋斗——在中国共产党第二十次全国代表大会上的报告》，人民出版社，2022，第 1 页。

二　高职院校学生职业教育认知的微观环境

从高职院校学生职业教育认知的微观环境层面来分析，微观环境包括家庭环境、学校环境、人际环境、自我认知。其一，家庭环境，家庭环境的营造，取决于家长的兴趣、爱好、人格特质、受教育水平、家庭收入等条件，所以有千差万别的家庭，就会有千差万别的方法，也就有千差万别的效果。家庭教育也是学校职业教育的有益补充和延续，并且在德育培养的目标上，是具有一致性的。其二，学校环境，高职院校学生职业教育认知问题研究包含于高校职业教育工作体系内。高职院校职业教育认知要在明确学情的基础上，引导其优化认知结构，提升认知能力，塑造正确的世界观、人生观、价值观。高职院校在校园文化、实践育人、网络监管等方面还有待进一步改善。其三，从人际环境来说，良好的人际关系也是高职学生在职业教育认知方面取得成绩的一个因素。其四，自我认知是了解自己、发现自己，客观、正确地评价自己，理解自己和接纳自己；对自己的想法、期望、行为和人格特质能够进行判断与评估。

三　高职院校学生职业教育认知的物质环境

高职院校学生职业教育认知的物质环境是高职学生个人职业素养和道德修养形成所依赖的新时代的生活条件，也就是物质基础，具体是指物质技术条件和先进设施。高职院校的物质环境主要包括校园物质设施、物质环境美化与管理。

为了保证高职院校职业教育认知活动有效性，有必要安排实践活动，并保证学生参与的有效性，学校相关部门应该积极地调查、研究和控制、管理相关的影响因素，实现认知环境与教学实践之间的均衡发展，进而提升教学效果。

四　高职院校学生职业教育认知的精神环境

精神环境主要是指职业教育赖以产生、存在和发展的社会文化氛围与精神条件。应构建集社会美、音乐美、戏剧美、舞蹈美、艺术美、自然美、建筑美、科学美为一体的育人环境。这些不仅有助于学生调节情绪，振奋精神，减少逆反心理，而且有助于学生的身心健康，陶冶学生高尚的情操，达到环境育人的效果。高职院校将文化与校园环境融为一体，中华民族5000年来，文化源远流长。在多元文化背景下，我国文化底蕴深厚，经历了千年的涤荡、沉淀与升华。对此，高职院校将我国优秀传统文化与校园环境融为一体，逐步认识到中华文化的优越性，从而坚定文化立场，自觉承担文化传承与传播的使命。文化是一个民族赖以生存的根脉，是国家凝聚力与生命力的根本来源。随着文化强国战略的提出，高职学生理应肩负起文化传承与复兴的重任，切实推动中华文化繁荣发展。而教育作为立德树人的主渠道，应切实发挥价值引领效能，将文化自信培育作为重要内容，探索更加科学的育人路径，以促进高职学生全面发展。

五　高职院校学生职业教育认知的网络环境

高职院校学生职业教育认知的网络环境是伴随着信息化、网络化的出现而使用了虚拟技术的网络化世界，包括网络生活和网络社会。网络时代的多样性逐渐融入高职学生的学习与生活中，学生可以通过网络进行沟通、娱乐、购物等活动，开拓了高职学生职业教育认知的视野，丰富了高职学生的生活，形成了自由、平等、开放、民主的话语环境。网络环境能够及时、快捷地传递职业教育认知信息，实现教育者与学生超时空的沟通与交流。但是网络环境对高职学生的负面影响不容忽视：其一，受众沉浸在离散的、碎片化的信息中，如短视频，浅阅读等，对于长远系统性地建构知识体系没有太大意义；其二，一些软件、App、网络游戏平台通过数据推送，以“黏人”为目的，从而实现利益的增长，不少高职学生是网络游戏的受众；认知注意力被分散，手机成为高职学生延伸的工具，也成了其除了课堂教育之余的主要休闲、娱乐、交友手段。“通过电脑、手机等新媒体传播的互联网信息是海量的，同时网络虚拟世界也有丰富的娱乐功能，特别是一些网络游戏、手机游戏等，有很强的吸引力，自制力不强的高职院校学生很容易沉迷其中，影响了他们的学业、交际能力和身心健康。”① 基于以上论述，高职院校学生职业教育认知需要营造有利于高职学生健康发展的网络文化环境。

---

① 洪旺元、张玉荣、林巧华：《新媒体对高职学生思想政治教育的影响探析》，《职教论坛》2017年第20期。

第五章　高职院校学生职业教育认知的过程

高职院校学生职业教育认知的过程是职业教育信息的加工过程，该过程针对高职院校学生职业教育认知的特点，即信息接收方式及习惯发生改变，在高职院校学生职业教育认知的基础、感知、注意、记忆、语言和知识建构方面进行研究，提升高职学生的注意力，从而构建认知结构。高职院校学生职业教育思维方式的建立和问题的解决，要针对高职院校学生的认知特点，即思维趋向平面化、直观化，教育者通过引导和帮助高职学生构建情感思维方式、抽象思维方式、辩证思维方式，培养其创新思维方式，促使高职学生形成立体思维方式，能够全面系统地发现问题、分析问题、解决问题，从而促使高职院校的学生提高认知能力，更加自觉地改造主观世界。

第一节　大脑是高职院校学生职业教育认知的基础

世界是以能量和信息的方式存在的，大脑是信息加工的基础。脑由边缘系统和大脑、间脑、脑干、小脑构成。“有人比喻，一个人的脑储存信息的容量相当于1万个藏书为1000万册的图书馆。人脑中的主要成分是水，占80%。脑的重量虽只占人体体重的2%，但耗氧量达全身耗氧量的25%。血流量占心脏输出血量的15%，一天内流经大脑的血液为2000升。”[①] 个体年龄在20岁左右的时候，大脑的重量是1350克，重量约为脑重量的80%。大脑是人类长期进化的结果，是人类的思维和意识器官，是中枢神经系统的最高级的部分，是进行控制和命令的器官；与之相配合的是外周神经系

① 刘勇主编《神经外科：神经外科就医必读》，中国科学技术出版社，2016，第6页。

统，负责把感觉到的信息传递给中枢神经系统，将中枢神经系统发出的命令传递给肌肉，并控制肌肉的自主运动。大脑分为左右两个半球，即由左脑和右脑构成。人的左脑和右脑有明确分工，左脑主要负责逻辑、文字、语言、分析、数字、次序等，右脑则主要负责颜色、音乐、想象、空间感觉、直觉、图形等活动；左脑是进行抽象逻辑思维、复合思维和分析思维的，右脑是进行具体形象思维、发散思维、直觉思维、创造性思维的。大脑的左右半球虽有分工，但不是绝对独立工作的，大脑两半球间的通信多数是通过胼胝体进行的，胼胝体具有统觉的作用。大脑半球表面由灰质组成，即大脑皮层。大脑皮层表面被一些沟裂分为额叶、顶叶、枕叶和颞叶等部分。额叶负责思维、计划，与个体的需求和情感相关；顶叶响应疼痛、触摸、品尝、温度、压力的感觉，该区域也与数学和逻辑相关；枕叶的功能是感知和加工处理视觉信息，参与复杂的视觉感知过程等；颞叶负责听觉、记忆巩固、嗅觉、味觉、语言、情感等高级功能。

高职学生思维活跃，喜欢形象、直观、感性和操作，这是高职学生擅长运用右脑的表现，在职业教育过程中，应积极地抓住学生的特征，因材施教，大脑也是职业教育认知形成的基础。职业教育认知过程要符合大脑工作的原理，科学地进行认知活动，才能起到事半功倍的效果。高职院校学生职业教育认知的过程是信息加工过程。

一　高职院校学生职业教育认知的感知

感觉是复杂认知活动的基础，是各种认知活动的起点，是人脑对客观事物的主观反映。人的感觉器官主要有眼、耳、鼻、舌、皮肤等。感觉器官把物理或者化学的刺激转化为神经冲动，神经冲动经过神经通道传导到大脑皮层感觉中枢相应的精确区域，大脑皮层感觉中枢将对信息进行加工，各种感觉才得以形成，并同时存在且各自没有边界。人根据感觉器官的位置划分为视觉、听觉、嗅觉、味觉、皮肤觉（触觉、温觉、冷觉、痛觉）、运动觉、平衡觉等。在高职院校学生职业教育认知过程中，学生主要是利用视觉、听觉、运动觉和联觉。

感觉是对客观事物个别属性的反映，知觉是对感觉的自动组织和解释，对客观事物整体的认识。知觉是根据认知主体的知识和经验对感觉进行自动的组织和解释，基于此认知主体的知识和经验不同，那么对同一个事物的解释也有所差异。知觉包括自下而上的加工过程和自上而下的加工过程。自下而上的加工过程是认知主体通过细小的、部分的信息，经过不同的组合方式和分析形成知觉，其过程是从信息输入开始，最终形成解释，这个过程受到爱好、期望、价值观等方面的影响；自上而下的加工过程，是在概念、理论、期望或者经验的引导下，认知主体进行信息的选择、组织与整合，按图索骥，从而形成对事物整体的认识。因为无论是哪种知觉的加工方式，都凸显出逻辑、爱好、期望、经验、信念对知觉是有影响的，所以对于同一事物不同人的看法和意见是有差异的。所以职业教育工作在实际中一定要结合认知规律来开展。

二　高职院校学生职业教育认知的注意

注意是把心理努力放在一些具体而重要的刺激上，故而排除其他刺激。注意具有选择性、转移性和分解性的特点。在早期的概念中注意不含有能力的成分，随着认知科学的发展，注意力被实验证明是真实存在的，注意的概念中加入了能力，即注意力存在的意义。

诺贝尔经济学奖获得者赫伯特·西蒙指出：“随着信息的发展，有价值的不是信息，而是注意力。”他于 1971 年这样总结道：信息的充裕造成了注意力的缺乏。“当注意力被吸引时，它就建立了在未来获得更多注意力的可能性，获得注意力被视为一种持续财富的获得”。[①] 注意力经济的本质属性已经跃然纸上，注意力成为信息提供者争相获取的资源，资源背后是财富。注意力经济下，职业教育工作面临着巨大的挑战。在互联网高度普及、数字媒体高速发展的时代，注意力成为资源，谁抢占了眼球，谁抢占了注意力，谁就赢得了财富，高职学生的注意力也成为各个网络媒体正在争相获取的资源。

在知觉和认知方面，注意力发挥着无法估量的作用，正如《荀子·解蔽》中所说：“心不在焉，则黑白在前而不见，擂鼓在侧而耳不闻。”各种 App、网页也是千方百计地吸引学生的目光，而注意力更是学生进行认知的基础，信息资源是无限的，而注意力是有限资源，如何让学生战胜自己进

① 〔美〕詹姆斯·韦伯斯特：《注意力市场：如何吸引数字时代的受众》，郭石磊译，中国人民大学出版社，2017，第 24 页。

而管理自己的宝贵资源成为一项重要的任务。

面临视觉争夺，高等职业教育工作如何更好地进行？其一，教育者引导学生意识到注意力管理问题的重要性。注意力是学生宝贵的资源，关系着学生的未来和国家的未来，教育者要指导学生合理地分配注意力资源；提升学生对网络信息进行辨别和筛选的能力，以便使学生不被信息淹没，只有当学生注意到所学习的信息，才能对信息进行编码、加工和存储。其二，在职业教育注意力方面，要有符合学生认知的教育方式。教育者要孕育高尚的灵魂。因为高深的理论对于当代的高职学生来说，理解起来很费力，需要职业教育工作者把理论用通俗的语言进行表达，让学生理解和听懂，以完善学生的精神世界。毛泽东在《实践论》和《矛盾论》中，就用生活中和革命中的实例来讲述理论，这是职业教育工作者学习的典范。其三，吸引学生的注意力，让其对认知内容好奇、感兴趣，有目标，让学生自己产生愿景，从而产生动力；通过生活化的事例来吸引学生的注意，在互联网时代、注意力经济时代，学生获取信息的速度较快，所以高职院校教育者也应该与时俱进地关注生活事件，把需要深思的理论与生活事件建立深度连结，抽丝剥茧般、循序渐进地把理论的维度提升，从而让学生理解理论、掌握意义，进而指导学生的人生，促使其认知螺旋上升。其四，充足的睡眠是大脑处理信息的必然要求。大脑每天处理和储存信息，耗能约是人体能量的20%。有的高职学生被短视频、游戏等互联网信息吸引了注意力，部分学生存在睡眠不足的问题，继而导致白天在课堂上他们不能集中注意力听课。所以每天充足的睡眠是大脑处理信息的必然要求。其五，教育者引导把注意力投注到对自己的认知发展有用的地方。在选择性注意策略方面，教育者应该注意培养学生分清主次信息，在主要信息上进行标注；在目标上引导学生，帮助学生明确自己的目标；在内容上引导学生，通过运动、阅读、合作学习，帮助学生在自己大脑原有的结构和图式上选择、整理、加工知识点，并将其整合到自己的认知结构中；高职院校的教育者还应持续有效地选择刺激物，引起学生注意，提升教育的魅力。

三　高职院校学生职业教育认知的记忆

由于大脑的神经元约有1000亿个，大脑神经元是有序连接的，组织形成有序的网络，并且连接越复杂，人也就越聪慧。海马体影响陈述性记忆的运作，也就是会影响语义记忆和情景记忆，特别是情景记忆。“工作记忆主要是大脑皮层前额叶的功能，而长时记忆中的信息首先在海马体中得到整合，然后被转移到相应大脑皮层区域进行永久性存储。”① 海马体负责人类的深层记忆，如果对海马体进行高频、重复、大量的刺激，就容易形成深层次记忆。

记忆包括信息编码、信息存储和信息提取三个过程，感觉记忆、工作记忆、长时记忆都要经历这个过程，记忆分为感觉记忆、工作记忆、长时记忆。其一，感觉记忆。感觉记忆是记忆对信息处理的第一个阶段，因为有感觉，我们能够感受到周遭的世界，其是视觉、听觉、嗅觉等感觉在大脑中的保留，时间较短，仅仅有几秒钟，每种感觉寄存器就存储相应的感觉信息。其二，工作记忆。记忆对信息处理的第二个阶段是工作记忆，也被称为短时记忆，工作记忆是大脑记忆加工的工作空间，其负责把感觉记忆的信息进行编码加工，存入长时记忆，同时又负责对长时记忆的信息进行提取。工作记忆的信息保存时间是 20 秒左右，最多的是几分钟。美国认知心理学家乔治・A. 米勒于 1956 年发表于《心理学评论》的论文《神奇的数字 7±2：我们信息加工能力的局限》中指出，工作记忆的容量为 7±2 个组块（数字、字母或其他）。“艾伦・巴德利认为工作记忆由中央执行系统、语音回路、视觉空间画板和情景缓冲器四个成分构成。”② 工作记忆的编码通常是以视觉和听觉方式进行的。“大脑额叶皮层参与了工作记忆的加工，将注意聚焦于短时存储、设定优先加工顺序、制订计划、更新工作记忆的内容，并且监控事件发生的顺序。”③ 其三，长时记忆。长时记忆是存储时间在一分钟以上甚至是一生的记忆。长时记忆的容量是无限大的，几乎能记住经过工作记忆传递的我们一生的人、事和策略，其随着记忆内容的增加而增加。在长时记忆中信息需要存储、组织与表达，长时记忆是有容量的、有保持时间和遗忘周期的；长时记忆是有分类的，可以分为陈述性记忆和非陈述性记忆。陈述性记忆包括事件和事实记忆（语义记忆），非陈述

---

① 孔维民编《心理学》，安徽大学出版社，2020，第 62 页。

② 转引自〔美〕菲利普・津巴多、罗伯特・约翰逊、薇薇安・麦卡恩《津巴多普通心理学（原书第 7 版）》，邹智敏、肖莉婷译，中国人民大学出版社，2016，第 176 页。

③ 〔美〕菲利普・津巴多、罗伯特・约翰逊、薇薇安・麦卡恩：《津巴多普通心理学（原书第 7 版）》，邹智敏、肖莉婷译，中国人民大学出版社，2016，第 177 页。

性记忆分为程序性记忆、知觉表征系统、经典条件反射、非联想性学习。记忆在大脑中是有模式的，是需要加工和建构的。记忆是如此之重要，在未来进行决策和产生行为的时候，记忆能够提供来自内部的决策材料和情感材料。在职业教育中，要合规地把与职业教育相关的人、事件、事物、策略深深地印在学生的脑海里，并让学生对此充满情感，这才完成了认知的重要基础工作。

职业教育内容要在学生的大脑中形成记忆，也就是学生要把思想、理念记忆到大脑深处，形成深层次记忆。形成深层记忆之后辅以情感，有情感的事件或事物也更容易记忆，有利于认同该理论，内化于心，外化于行。而如何能够让高职学生形成深层次记忆呢？高职学生擅用右脑，而右脑主要处理图像、声音、节奏、韵律等方面的问题，右脑具有自主性，能够发挥独自的想象力和思考，把创意图像化，进行超高速的大量记忆。为了能够充分利用记忆的规律，在职业教育工作中首先要把教育内容组成一个整体系统，并且能够形成直观的图示结构，因为零散的知识内容，没有内部联系的结构，不利于记忆；能够运用一些与教育内容相契合的图像，这样更有利于右脑优势的高职学生，当然一张图片的意义是不大的，教育者需要组织材料，通过剪辑、编辑，使图像具有与教育内容匹配的建构和意义，这样浑然一体的图像内容才更能够有效地被学生记忆。其次，职业教育工作的情景化，让学生触景生情，以情促记忆，一个人的记忆，是身体多个部位协同工作的结果。有的记忆生成信仰，有的记忆变成了思维方式，有的记忆转化为践行。人与人最大的区别在大脑里，在心智方面，在大脑里的神经连接上，职业教育的若干元素，不是单独存在的，而是和众多神经元进行连接，这种神经元连接一旦建成并多次巩固，就会形成一个强大而快速运转的神经网络，当人进行决策的时候，便从长时记忆中快速搜索并提取相关信息，进行分析，从而影响决策。

四　高职院校学生职业教育认知的语言

语言是人与人交流的工具，是民族习惯的产物，是思维的符号，是在概念、判断、推理、计划与决策的过程中运用的。没有语言，思维和交流也就不会存在，只有表达一定意义和思想并进行交流的声音才是语言。也正如恩格斯所说：“由于手、发音器官和脑不仅在每个人身上，而且在社会中发生共同作用，人才有能力完成越来越复杂的动作，提出并达到越来越高的目的。”① 大脑是产生语言和理解语言的生理基础，大脑的神经组织在语言和行为产生中发挥着重要的作用。和语言相关的部位是大脑和脑干，大脑的左半球主要负责语言的区域有两个：布洛卡区和韦尼克区。

语言的输入与输出过程和机制。语言是以口头或书面方式来进行输入的，经由听觉通道或者视觉通道来完成。当语言以口头方式进行输入的时候，听觉信息经过听觉分析转换为语音格式，心理辞典中与信息输入的词汇表征就被选择，进而激活其语法和语义信息。而“涉及词汇-语义信息加工的区域更偏侧化于左半球，而且大部分在与语音知觉本身相关的颞上皮质腹侧”②。从书面语言到单词表征实际上是有两条通路的：“形声转换，即所谓的间接通路，或书面输入直接到心理辞典，即直接通路。”③ 当然语言的输入和理解还需要对单词的识别和整合，考虑到隐喻和语境因素。以上的两个方面的信息输入是口语和文字信息，利用耳朵和眼睛，并通过其相应的神经运动，把口语的声学信号和文字的光学信号转换为神经脉冲信号，最终被大脑的语言中枢进行处理。在信息的输出方面，大脑进行语言编码，通过指令神经活动来发出声音和写文章。

从语言的结构来看，其是由因素、词素、单词、短语和句子构成的。语言能力是能够理解和驾驭语言的基本能力，但是这种能力在注意力不集中或者压力比较大的时候会影响人们对语言的理解和驾驭。在认知的加工过程中每一个环节都不是独立的，而是相互联系和制约的。职业教育者一定要确保学生是在注意力集中的情况下来进行认知加工的，否则将导致在语义和语境中错误理解句子或段落或故事的含义。

职业教育者在进行语言输出和高职学生语言输入的过程中，要符合语言信息加工过程和规律。口语化、大众化和故事化的职业教育语言更能调动学生参与的积极性。职业教育理论要被大众接受，就需要一种大众化的语言，需要一种贴近生活的教学语言和社会生活中实际发生的故事来进行

① 《马克思恩格斯选集》第4卷，人民出版社，1995，第380页。

② 〔美〕Michael S. Gazzaniga、Richard B. Ivry、George R. Mangun：《认知神经科学：关于心智的生物学》，周晓林、高定国译，中国轻工业出版社，2011，第347页。

③ 〔美〕Michael S. Gazzaniga、Richard B. Ivry、George R. Mangun：《认知神经科学：关于心智的生物学》，周晓林、高定国译，中国轻工业出版社，2011，第350页。

语言刺激。教育者需要将政治语言、学科语言转换为大众化语言，转换为通俗易懂的教学语言。在语言形式之间的切换，需要职业教育者具有灵活的语言驾驭能力，从而刺激高职学生进行积极的语言加工，将知识存储于大脑概念系统。

第二节　高职院校学生职业教育的知识建构

高职院校学生职业教育认知是知识的建构。布鲁纳认为：“学习就是类别及其编码系统的形成，学习者要把同类事物联系起来，赋予它们意义，并把它们连接成一定的结构。”“学习结构就是学习事物怎样相互联系的。”①而认知最主要的目的不仅仅是应用于现在，还要应用于未来，就是把基本概念、原理、理论和态度，在时间的维度上进行迁移运动。建构主义认为联系、意义生成是重要的；建构也有助于个人对于概念、原理、理论及态度的理解和迁移运用，掌握建构的经验，有助于记忆的生成。

高职学生职业教育认知的内容不是被动地放入学生大脑中的，是学生主动建构的过程，该过程中需要以学生为中心，教育者引导学生积极主动地建构自己的抽象框架，建构意义，将知识与真实世界建立连接，同时高职院校学生职业教育认知的内容也不是混乱的存在，而是有秩序地建构在大脑的长时记忆中，随时等待调取以解决问题，这就是认知内容的建构性。

高职院校学生职业教育认知内容的建构性。在建构主义理论中，皮亚杰影响了当代认知建构主义，维果茨基影响了当代的社会建构主义。皮亚杰认为，认知结构的发生，有图式、同化、顺应、平衡四个部分；图式是“个体用于认识周围世界的基本模式。此模式系由个体在遗传的基础上学得的各种经验、意识、概念等所整合，构成的一个与外在现实世界相对应的抽象框架，存储在记忆之中”②；皮亚杰的建构理论认为，对于符合认知结构的知识，会被纳入认知结构，知识发生量变，对于不符合认知结构的知识，会改变结构，以适应环境，此时知识发生了质变。维果茨基主张在社会的互动协作中来认知，因为知识的建构受到文化、语言、与他人的相互

① 转引自孔繁成《布鲁纳的教学原则》，山西人民出版社，2019，第 57 页。

② 张春兴编著《张氏心理学辞典》，浙江教育出版社，2018，第 655 页。

作用等因素的影响。根据建构主义的主张，认知者根据自己的经验来建构意义；专业课知识的建构要具有真实性；专业课知识的建构要在情境中进行；职业教育课知识的建构要进行实践；职业教育课知识的建构需要有丰富的资源。

综上，对于高职院校学生职业教育认知内容的建构，高职学生自身是不能较好地进行的，需要有教育者的指导，高职学生需要把认知内容系统地建构于大脑中，也就是构建认知结构。建构主义认为认知是学生在他人的引导下，结合自己已有的经验或图式，对外在的刺激进行选择、加工和处理，对新的信息进行意义的建构。这个过程要实现高职学生处理新的信息与大脑已有信息的联结，还有新信息与认知环境之间的联结。建构主义认为，认知是具体的、情境的、可感知的活动，学生在活动和社会实践中，能更好地解决现实生活中存在的问题。

第三节　高职院校学生职业教育的思维方式

高职院校学生职业教育认知的核心是思维。钱学森在 1986 年《关于思维科学》一书中，提出了思维科学的概念，并且提出思维学又可以细分为抽象（逻辑）思维学、形象（直感）思维学和灵感（顿悟）思维学三个部分，并且建构了思维科学与相邻现代科学技术大部门的关系图，为我国思维科学的发展奠定了基础。思维属于理性认识过程，形成对事物间接的、概括性的认识，是反映一类事物的本质属性。梅耶尔（Mayer）认为，思维出现于认知系统，是一个过程且受指挥，最终导致行为结果。思维是在感性基础上进行理性认知的过程，是认识的高级阶段。

职业教育思维方式是学生在职业教育过程中，运用语言、知识、观念和方法，遵循思维规律，所形成的相对稳定的运行方式、程序或工具。也可以理解为认知模式、思想理论路径。思维方式一旦形成就具有相对的稳定性和固定性，就会控制思维对象、思维主题、思维过程、思维结果的存在形式和运动方式，按照大脑里已有的认知模式习惯化有序地进行加工、处理、储存或输出结果。职业教育遵循“知、情、意、信、行”的发展规律和发展过程。关于加强学生思想建设，这个过程中无形的职业教育思维方式也起着重要作用，对学生的行为产生重大影响。本书在此根据高职学生职业教育的认知特点、过程和应用，对职业教育思维方式的情感思维方式、抽象思维方式、辩证思维方式、创新思维方式进行论述。

一　情感思维方式

（一）情感思维方式培养的内涵与作用

情感思维方式是能够识别、理解、分析、运用自己与他人的相联系的态度和内心体验的相对稳定的运行方式、程序或工具，并以此表达和管理自己的情感。高职院校学生在职业教育认知活动中的情感思维方式，不仅对学生进行自我认知有积极的作用，同时在与他人的互动沟通过程中也发挥着积极的促进作用。情感是职业教育“知、行、意、信、行”中的一个部分，在职业教育认知形成过程中起到调节作用，情绪情感过程也是心理过程的一种；情感是职业教育认知在行为决策的动因或者动力，对思想政治认知活动起到积极或者消极的作用；如果一个人的大脑中负责情感的部分出现损伤，那么这个人将很难做决策，因为情感参与决策；情感思维是在识别自己或他人的表情、动作，表达自己的情感，用情感思维去思考，最后对自己的情绪、情感进行管理。在日常的学习生活中，如何识别和表达，运用情感思维进行理解和分析，管理自己的情绪，从而能与人和谐沟通，是一种非常有效的思维方式或手段。

（二）情感思维方式的生成基础

情感思维方式的建立多与家庭培养相关。学生从家长那里获取了足够的温暖和珍视，其能够更好地处理人际关系（亲密关系）；在与之相反的家庭氛围内成长的孩子则会具有不自信、害羞、内疚、自卑、角色混乱、害怕亲密和害怕被弃等情绪，自我力量感弱，不能够积极地解决问题，倾向于逃避问题，这类学生是教育者关注的重点，应积极给予抚育，使其感觉温暖和被尊重，因为“温暖和被尊重”是人类情感的核心。

（三）情感思维方式的生成

教育者要理顺学生的情感，使其情感得以疏通，学生才能萌发向上生长的热情和砥砺前行的力量。首先，教育者在教育教学过程中需要在语音、语调、肢体表情、动作上，有一以贯之的温和与力量，这样的温和与力量胜过其他各种方式，教育者举手投足都会让人觉得温暖和心安。其次，要引导学生建立正确的情感思维方式，剔除认知中的错误观念，不能让思维自动化中错误的观念影响情感的加工；这一操作需要专业心理工作者的参与，运用贝克和雷米的认知技术，通过建议、演示、模仿、重新归因、语义分析技术进行认知重建，把错误的观念剔除，替换为正确的观念。最后，要引导学生建立正确的情感思维方式，优化情感认知结构，使其日趋完善并朝着积极的方向运动，通过观察和测量，找出学生运用情感思维方式的流程，参悟流程中缺少的部分，以便修正和补充，使学生能够恰如其分地管理情绪和情感。

情感思维方式生成是教育者提高职业教育工作实效最真实、最真诚和最有效的方法。将思想政治理论讲解得层次分明、逻辑缜密，但不能打动和震撼学生的内心，会有虽令不行者；但如果既有理性的剖析，又有情感的生发，会有不令自行者。人不仅仅有情感思维方式，而且同样需要理性思维方式，人之所以被称为高等动物，是因为人有理性，理性思维方式与情感思维方式是互为补充的。

二　抽象思维方式

（一）抽象思维方式的含义

抽象思维方式是一种用概念、判断、推理表现的理性思维方式。以证据和逻辑推理为基础，其既是认知活动的过程、工具，又是认知活动的结果。其运用抽象、概括、比较、分类、归纳与演绎、分析与综合等方法。抽象思维与具体思维是相对应而存在的，具体思维是依据于具体的事物、具体的生活、具体的经验而解决问题，但是抽象思维是通过感性认识上升到理性认识过程中的一种过渡，通过抽象思维对事物各个属性的分析、分类、综合等逻辑方法探寻事物的本质，从而形成事物的概念。

（二）抽象思维方式的生成

高职学生擅长形象思维方式，但是在理性分析、推理和预判等方面相对薄弱，对于本质真相和逻辑真相缺乏判断，理性思维能力弱。我国的现代化建设，不仅仅需要伟大蓝图的设计者，同样需要伟大蓝图的执行者，所有层次人才的培养，都是对祖国伟大蓝图实现的强大助力。如果大学期间高职学生的抽象思维得到培养，那将意味着接受过高等教育的群体智力的提升。因为一个人智商的高低很大程度上取决于一个人的抽象思维能力高低。

教育者可以在教学活动中，引入逻辑训练，高职学生可以通过逻辑训练提升抽象思维能力，上海师范大学教育学院的罗俊龙等教师通过调研，“发现逻辑训练可以显著提高个体的推理成绩，减弱信念偏差对推理的影响，且逻辑训练对低理性思维方式个体推理成绩的提升效果更加明显。”① 应当通过逻辑案例，或者逻辑故事叙事，以促进学生推理能力的提高；教育者引导学生独立思考，形成符合规律和理论的周密思考，最终得到解决问题的方式；教育者可以在课堂上为学生提供演讲、辩论的机会，以利于学生在集体活动中获得抽象思维能力的锻炼。由于高职学生的认知风格具有具象化的特点，也就是擅长动手操作，所以在认知过程中，教育者可以通过让学生动手操作，来引导学生把操作感觉所生成的感性认识转化为理性认识，也就是通过动手操作引导学生形成抽象性思维方式。职业教育工作，不仅仅是思想的、政治的、道德的观念和理论的灌输，还是学生自主能力的培养，以便在未来的任何时刻学生都能够根据自己的推理形成预判，从而不被不良思潮所迷惑，在证据的求索和逻辑的推理上，独立思考，才能够形成自己的预判，不人云亦云，做出正确的决策。

三　辩证思维方式

（一）辩证思维方式的内涵

辩证思维方式是一种运用反映客观事物辩证发展过程和规律的理性思维方式。认识客观事物是从其内部的矛盾运动开始，应用联系的、发展的、历史的观点来把握该事物。辩证思维方式我国古已有之，《易经》和《道德经》等中华文化的精髓中就具有朴素的辩证思维方式；马克思主义哲学产

① 罗俊龙等：《逻辑训练对不同理性思维方式大学生三段论推理的影响》，《心理科学》2020年第6期。

生后，唯物辩证法正是辩证思维的运用；思想政治辩证思维方式是以唯物辩证法为基础的，包括三个基本的规律：对立统一规律、量变质变规律、否定之否定规律；毛泽东的《实践论》和《矛盾论》，是辩证思维方式的代表作，我国历代领导人都谙熟运用辩证思维方式，成功地解决了我国社会主义进程中遇到的问题。

（二）辩证思维方式的生成

在高职学生辩证思维方式的生成方面，首先，教育者应引导学生运用马克思主义立场、观点、方法来看待当前的国际国内形势，把握时代的脉搏对远期未来有科学的预测，增强信心，培养信念。其次，引导学生客观看待事物的正面与反面，坚持系统、全面地看待问题，并能够抓住事物的主要矛盾，用发展的眼光看待问题。辩证思维有利于拓展学生看待问题的广度，逻辑思维有利于提升学生看待问题的深度，发现问题的本质。再次，训练思维的条理性，言语是思维的外壳与符号，言语的哪个方面是重点，哪个方面是次要，如何把这些方面组织为条理清晰、具有逻辑性和系统性的文字或语言进行表达。最后，教师应当结合归纳与演绎、分析与综合、抽象与具体、逻辑和历史相一致的方法来设计相应的案例，提出问题，明确实操方法，进行情景模拟，通过有针对性的训练，培养学生的辩证思维方式。

（三）运用辩证思维方式

应当用辩证思维方式看待世界当今格局与文明的冲突。世界是一体的，文化是多元的，费孝通说过：“文化自觉是一个艰巨的过程，只有在认识自己的文化，理解并接触到多种文化的基建上，才有条件在这个正在形成的多元文化的世界里确立自己的位置，然后经过自主的适应，和其他文化一起，取长补短，共同建立一个有共同认可的基本秩序和一套多种文化都能和平共处、各抒所长、联手发展的共处原则。”① 因为每一种文化都有自己的精髓，所以要在多元文化中保持对自有文化的自尊，在西方强势文化的渗透下，不能轻视自己的文化，否则将使得自身陷入混乱之中。

---

① 《费孝通论文化与文化自觉（第 2 版）》，群言出版社，2007，第 428 页。

只有全面了解民族文化的产生源头、形成过程及发展趋向，才能够建立起良好的文化价值观。在多元文化思潮的冲击下，应自主选择民族文化传播方式与传承路径，并且主动反思民族文化之不足，借鉴其他民族的优秀文化，促进本民族文化的创新发展。职业教育将中国特色社会主义文化作为教学内容，通过梳理中华文化发展轨迹，总结不同阶段的文化特征与文化成果，让学生对中华文化有清晰全面的认知，从而自觉拥护中华文化主导地位，形成正确的文化价值观。高职院校的学生需要用辩证思维方式看待世界当今格局与文明的冲突，坚持正确的政治方向与价值观念。

四　创新思维方式

（一）创新思维方式的内涵

创新思维方式是在突破原有认知的局限，持有怀疑的态度、在独立思考基础上发现问题、开创性地解决问题的一种稳定运行方式、程序或工具。直觉、灵感、顿悟是创造性思维的一种典型表现形式。创新思维方式包括发散思维、扩散思维、求异思维、想象思维等。创新思维是逻辑思维与非逻辑思维的统一。

中国共产党的历史，就是一部不断推进理论创新、进行理论创造的历史。我们党在领导中国革命、建设和改革的历程中，始终坚持解放思想、实事求是、与时俱进，创造性地把马克思主义普遍原理运用到中国实际当中，真正做到了将解放思想和实事求是相统一，将培元固本和守正创新相统一，充分彰显了马克思主义政党不断推进理论创新的优秀品质。中国特色社会主义理论体系所要解决的重大理论问题同时也是社会主义现代化建设所面临的重大实际问题。我们党在百年理论创新历程中，积极创造先进文化成果，弘扬中华民族精神，深刻地影响了世界。

（二）创新思维方式的生成

高职学生想象力丰富、思维活跃，善于使用形象思维。对高职学生职业教育创新性思维方式的培养，首先，应当引导学生重视创新思维。教育者要自己能够把创新思维融入到工作中，然后才能引导学生，我国 2035 年的远景目标之一是“基本实现社会主义现代化”①，这一宏伟目标的实现，国家需要有顶层设计，需要有具体的创新性设计，需要有人执行创新性设计；国家迫切需要对祖国有满腔的热爱之情，对工作有独立思考能力和创新能力的德技双馨人才。其次，创新需要有知识和经验的支撑，知识越丰富，经验越丰富，一个人能够发散创新连接的点就多，迁移能力就越强。再次，职业教育与专业实训结合，学生通过专业实训课程的操作，创新需要有被激发的灵感；设计具有科学性、启发性的实训项目；鼓励发散思维，自由联想，全员参与，自由发挥想象；鼓励学生讨论，相互批判，自我检验，发表言论，积极创新地解决问题，在实训活动中培养学生的创新能力。最后，职业教育者帮助学生养成创新思维的习惯，注重对学生发现问题、思考问题、解决问题思维方式的锻炼，通过习惯形成相对稳定的运行方式；在职业教育中，教育者可以对发散思维、逆向思维、批判性思维进行训练和强化，例如，发散思维需要运用想象、联想、分类、灵感，在职业教育课上，教师可以经常通过预先设计没有固定答案的问题，鼓励学生从不同的角度、不同的途径、多维度进行思考。

综上，四种思维方式的建立与家庭、学校和社会有很大的相关性。这种习惯化的、相对稳定的运行方式、程序或工具，将直接影响信息加工与应用过程。有的学生进入高等教育阶段之前就形成了某些错误的自动化思维，如前文所述，有的高职院校的学生具有极端思维（黑白思维）、主观推断、选择性概括、过度概括、夸大或缩小、个性化、贴标签等错误的自动化思维。当思维加工形成自动化后，尤其是当错误的观念形成了相对稳定的运行方式的时候，这就需要教育者和高职院校心理工作者合力发挥作用，把学生自动化思维中的错误观念进行修正和替换。教育者需要矫正学生的错误观念：首先，需要修正和替换学生自动化思维中的错误观念和错误的思维方式，否则会导致错误的结果；其次，需要帮助学生建立正确的思维方式。只有大脑的思维程序运行正确，才会有正确的结果，才会实现每一个过程的目标。正如实际生活中的加工工厂，原料是一样的，但是经过不同环节的加工，却能生产出风格迥异的产品。最后，思维方式虽然具有稳定性，但是在时空范围内，思维方式是运动的，是变化的，是能够与时俱进的。

---

① 《习近平谈治国理政》第4卷，外文出版社，2022，第164页。

第四节 高职院校学生职业教育中问题的解决

“认知活动就是我们选择、吸收、操作和使用从环境得来的信息和记忆中原有的信息，以解决当前所面临的特定问题。”[①] 高职院校学生职业教育认知培养的是能够在实际的学习和工作中具有独立思考能力、具有创造性解决问题能力的学生。我国已是制造业大国，未来的大国工匠需要具备工匠精神、职业技术，要具备开创性地解决实际工作中问题的能力。在纷繁复杂的国际环境中，学生在未来的工作和生活中，都需要面对无数人生的抉择，遵循马克思主义理论，做出适宜的抉择、付诸行动、解决问题。

受应试教育的影响，高职学生形成了思维定式，在认知过程中，高职学生不注重思考，提问意识缺乏，分析问题、解决问题的能力弱。问题解决能力是高职院校职业教育教学设计的目标之一。已有认知结构是解决问题的基础，认知结构越完善就越有利于问题的解决。因此在前面章节完善、优化学生认知结构的基础上，在运用认知方法、建立稳定的科学思维方式的基础上，培养高职院校学生在职业教育认知活动中的问题解决能力，也是高职院校学生职业教育认知的目标。

第一，问题解决的立场。马克思主义思想与我们密切相关，对我们的学习和生活依然具有指导意义。学习马克思主义经典著作，把马克思主义基本原理同中华优秀传统文化相结合，坚持运用辩证唯物主义和历史唯物主义。用马克思主义的立场、观点、方法来分析问题、解决问题。

用马克思主义立场，处理好“小我”与“大我”之间的关系。首先，一个人、一个集体、一个国家在与自然、与社会、与自身相处的本质目的就是生存和发展；如何生存、如何发展又衍生出“小我”与“大我”的概念与境界；马克思认为：“人是一个特殊的个体，并且正是他的特殊性使他成为一个个体，成为一个现实的、单个的社会存在物”[②]。作为个体的人，是现实的、有自身的物质和精神需求的，有自己的人格特质和自我价值的

---

① 乐国安、韩振华编著《认知心理学》，南开大学出版社，2011，第2页。

② 《马克思恩格斯全集》第3卷，人民出版社，2002，第302页。

实现；马克思还认为："人的本质不是单个人所固有的抽象物，在其现实性上，它是一切社会关系的总和"①。马克思肯定人的个体性，同时也强调人的社会性，在集体中、阶级意识中、社会中乃至国家中"小我"与"大我"又有交融的一面，"小我"在"大我"中。"小我"谋求自身生存与发展，"大我"谋求社会的生存与发展乃至人类共同体的构建。

高职学生是祖国的建设者，在面临生存和发展的问题上要有一种家国情怀，在社会主义核心价值观的指导下解决问题。高职学生远离家乡求学在外，多是"00后"，在集体生活中，难免会产生各种各样的问题，如学习问题、恋爱问题、人际关系问题、思想问题，有的同学还需要考虑父母关系的问题；等等。这些问题如果处理得当，学生会获得相关经验，从而学会解决类似的问题，通过解决问题获得积极体验；如果处理不得当，有可能对学生的一生都有影响，学生得到了消极的体验，有的学生甚至会因此一蹶不振。基于此，高职学生要以马克思主义为立场，掌握问题解决的方法，提高解决问题的能力。

第二，问题解决的类型。问题解决能力是高职学生调动自己的注意力、记忆、思维、认知策略的综合能力。"问题解决就是有目的的认知操作序列"②，能够引导和培养学生在学习和生活中发现问题、提出问题、用各种思维方式分析问题，最终解决问题。梁宁建教授认为，任何问题都含有三个基本的成分：给定、目标和障碍。在给定与目标之间，在目标的实现过程中总会出现这样或者那样的障碍，需要解决。雷特曼把问题分为界定明确的问题和界定不明确的问题。在学习中，高职学生会碰到如数学、物理、医学等界定明确的问题；在日常生活中，以及现在和未来面临的政治的、道德的、思想的问题，高职学生遇到的多是界定不明确的问题。界定不明确的问题是"其起始状态和目标状态、可用的操作均是模糊的、不明朗的"③。

问题解决的步骤。界定明确的问题可以用的认知操作是明确的，而界定不明确的问题的认知操作是模糊的。学生在职业教育认知中，有困惑的

① 《马克思恩格斯选集》第1卷，人民出版社，2012，第139页。
② 黄希庭、毕重增主编《心理学（第2版）》，上海教育出版社，2020，第137页。
③ 黄希庭、毕重增主编《心理学（第2版）》，上海教育出版社，2020，第136页。

多是界定不明确的问题。对于这样的问题出发点和目标也是多样的。具体解决问题的步骤可以归纳为以下几点。

其一，问题的识别，明确问题是如何发生的，什么时间发生的，问题的出现造成了哪些影响。这些问题都需要高职学生做调查研究。应让学生在职业教育认知过程中，养成善于观察、善于发现问题的习惯，凡事在大脑中要多问几个为什么。

其二，问题的界定，在获取与问题关联信息的基础上分析问题。用准确的语言描述问题，将问题分解为若干个，找到问题的要素及组成部分进行分析或者采用综合分析方法，也就是寻找问题的根源；明确直接原因与间接原因，根本原因与终极原因，偶然原因与必然原因，主观原因与客观原因，内因与外因。确定主要的原因，分析问题从主要矛盾入手，分析研究事物的本质属性和隐性的假设。分析问题可以按照一定的顺序、结构、逻辑，如用唯物辩证法、矛盾分析法、阶级分析法、系统分析方法等进行分析。以培养学生善于思考、注重逻辑，并且运用科学的方法来提高分析问题的能力。

其三，解决问题的策略，在自己的认知空间里采用发散思维或者聚合思维来广泛地搜索方法和策略。用“头脑风暴法”或“六顶思考帽法”来寻找解决问题的方法。首先确定目标，然后根据目标来思考方案，运用辩证思维来思考，运用多种认知方法和策略，最终形成方案。

其四，选择最优方案，世界上的事情都有自己的规律，认识规律和利用规律解决问题，制定解决方案和选择最优方案，根据方案采取资源配置，实施方案。注重学生果断性的培养，提升学生自信心。

其五，监控、监督解决问题方案的执行情况，这正是本书在元认知监控和自律性培养方面所需要注意的，在这个过程中，帮助学生形成严谨的工作作风。

其六，评估，对方案的有效性进行评估。根据目标设置分析取得了哪些成果，还存在哪些失误，对未来再次遇到类似问题的时候如何避免产生相同的失误进行客观评价。同时也要注意到自由反思的层面，思考还有没有更合理的方式能够解决相应的问题。

问题的解决分为以上六个步骤，同时问题解决更是学生调动认知的感觉、知觉、注意力、记忆、思维、想象的全过程，要运用已经掌握的理论知识和实践知识，但如果仅仅是会用概念和原理，难以解决问题。要在认知空间里利用规律和创造性思维解决问题，问题解决后最终实现学生能力的提升。

第六章　高职院校学生职业教育的心理疏导

第一节　高职院校学生职业教育的心理疏导机制

现阶段的职业教育存在忽视学生主体地位、忽视对学生情感关怀等问题，无法满足高等职业教育工作的基本需求。在现阶段高职教育完善的过程中，院校及教师应该认识到人为关怀以及心理疏导的价值，通过教育方法的整合以及教学体系的完善，改变学生对思想政治教学内容的认识，激发学生的学习兴趣，为学生能力的提升提供保证。

2011 年教育部印发《普通高等学校学生心理健康教育工作基本建设标准（试行）》的通知，其中明确规定：高校应围绕心理健康教育和咨询机构的规范管理、心理危机预防与干预、心理咨询工作流程、心理健康教育课程教学、心理健康教育从业者职业道德规范等内容，建立健全各项规章制度。之后，全国高校开始纷纷响应，逐步建立学生心理危机干预机制或者心理疏导机制，经过 10 多年的探索，国内很多高校已经有了相应的心理咨询室或者心理健康教育的官方网页。在调查问卷“您所在的高校有没有针对学生心理开设的相关机构或平台?”这一问题中，63. 7%的同学选择“有”，27. 2%的同学选择“没有”，9. 1%的同学选择“不了解”，可见大多数高校现阶段已有应对大学生心理问题的基础措施。建立大学生心理疏导机制对于合理地解决高校学生心理问题以及提升职业教育的实效性具有重要作用。完备的心理机制集教育、管理、服务三者于一体，包括前期的信息收集，心理状况监测，结果评估、心理危机预警及干预机制，完善的心理疏导机制有利于及时发现问题和解决问题。当下国内的心理疏导机制还不够健全，正在逐步建立和完善。

首先，在信息收集方面，目前国内高校已经开始重视大学生的心理健康教育，例如每年都会有一次心理健康调查，问题详尽，可以通过数据分析当下大学生的心理状态是否健康。其次，在心理的监测与评估方面，一些高校已经建设了相应的机制，例如北京师范大学已经建立大学生心理健康测评系统，可以通过学生填写的调查问卷，评估学生的心理健康水平。

心理危机的预警及干预机制对于发现大学生潜在心理问题具有关键作用，当下国内部分高校已经开始构建并发展这一机制。例如吉林大学研究生院与公共卫生学院共同成立了“研究生心理问题识别与干预中心”，这一中心的建立为吉林大学的研究生提供了更加完善的心理服务。此外，天津工业大学也在2020年开展了“大学生心理问题识别与干预”专题培训。高校的心理疏导机制正在不断完善，虽然取得了一定成果，但仍存在需要改进的地方。

一　心理疏导在高等职业教育中所存在的问题

近年来，心理疏导在高等职业教育中的重视度与推广度逐步提高，大学生对于职业教育也有了许多新认识、新了解，与此同时也丰富和创新了职业教育方法，但当前职业教育心理疏导在实施过程中仍旧存在一些问题，例如对心理疏导存在认知偏差、载体不健全、机制不完善等，应当找准问题、对症下药，以有理有据有针对性地切实提高心理疏导的应用实效性。

二　对心理疏导存在认知偏差

（一）对心理疏导对象与适用情形缺乏正确认识

新时代大学生大多是“00后”，主体意识、个体意识非常强，职业教育的顺利开展，需要教育主体与教育客体对教育理念的一致接纳，心理疏导亦是这样。但是实际在高等职业教育中，仍旧存在很多大学生对于心理疏导概念有认知偏差的情况。

首先，很多大学生甚至教育者对于心理疏导的对象缺乏正确认知，认为只有存在有心理或精神疾病的人才需要心理疏导，这加重了大学生对心理疏导的抵触心理。在调查问卷“您觉得何种对象需要心理疏导？”这一问题中，42.1%的同学选择了“有心理或精神疾病”，32.4%的同学选择了

"有潜在心理或精神问题"，23.3%的同学选择了"有心理或精神困惑"，2.2%的同学选择了"不了解"。高校大学生对心理疏导的误解可见一斑。其次，很多教育者在职业教育工作中，也存在"心理疏导应用泛化"的问题，例如出现将大学生的心理、思想、素养、理想、信念等方面存在的问题，不辨其理地笼统归为心理疏导应该解决的问题。意图通过心理疏导来解决诸如网瘾等心理疾病问题。教育者应当合理区分心理疏导与职业教育之间的界限，明确心理疏导只是职业教育的方法和渠道，不可将所有问题统归于心理疏导要处理的问题。同时，许多高校在心理疏导过程中也出现将非病理性心理问题"病理化"处理的情况，以应对特殊心理疾病的方式来应对高校学生的一般性心理问题，这种越界行为不仅处理不好学生的心理问题，也容易加重学生对心理疏导的偏见。

（二）对心理疏导的认识和定位存在偏差

在我国，心理疏导的概念在改革开放以后才逐渐被吸收和借鉴，其兴起与发展时间较短，其运用时采取的理论种类不唯一，因此理论界对其概念定义还没有形成统一的界定，而高校在开展心理疏导工作时，也缺乏对其科学的解释，因此，很多大学生会顾名思义，甚至教育者也会片面地将其定位于解决心理问题，这些认知都是狭隘而片面的。在调查问卷"您觉得心理疏导主要是做哪类工作?"这一问题中，23.7%的同学选择了"治疗心理疾病"，43.6%的同学选择了"和心理咨询差不多"，25.4%的同学选择了"疏通心理或精神困惑"，7.3%的同学选择"不了解"，由此可看出大学生们对心理疏导的工作性质存在认知偏差。此外，需要注意的是，教育者在解决大学生心理问题的同时，也要重视大学生的情感、生活、社交、就业等方面的问题，要对这些方面做好心理危机的预警与干预，出现问题及早疏通引导。职业教育常见的危机包括经济危机、交往危机、学习危机、就业危机、心理危机以及恋爱婚姻危机等，由此，高职学生心理疏导也应涵盖思想、心理、道德等多方面内容，在调查问卷"在您日常生活中，容易引发您烦闷、困惑或忧郁情绪的是哪些事?"这一问题中，人际关系、婚恋问题、经济问题、思想或心理困惑以及未来发展几个选项，选择的人数较多。因此，若高职学生及教育者对心理疏导的认识与定位仅局限于心理问题，则会导致学生遇到其他问题不敢求助，以至于心理疏导的应用范围缩小。同时，心理疏导的方法也不唯一，教育者不能把心理疏导等同于关于心理问题的理论灌输与道理传播，教育者应充分尊重学生的个性特点，提升针对性。

三　心理疏导方法缺乏针对性

传统职业教育追求集体主义与统一思想，但当今时代的中国社会处于价值多元、思潮多元、信息爆炸的时期，人的个体性与独立性被放大，传统的“一刀切”职业教育模式已经不再适用于如今的高校，当今高校学院众多，专业众多，不同专业背景、年级、未来发展规划的人所面临的心理问题都不尽相同，因此，教师在进行心理疏导时，应从学生的实际情况出发，针对其背景、个性特点与心理问题，采取适宜的心理疏导技巧进行疏导。“活跃性与变化性是高校学生的思想特性，在不同情境下面对不同的教育对象的不同问题时，方法要灵活，而且要有针对性，这样才能达到良好的教育效果。”①

此外，当今高等职业教育在进行相关的心理疏导活动时，往往出现“形式化”“模板化”问题，轻视与学生的双向沟通交流，将沟通变成“一个人的演讲”，学生在这类不合理的灌输形式下也容易产生“你讲你的，非常无聊，我想我的，不要你管”的恶性循环，教育主体自觉投入很多精力却事倍功半，学生也不喜欢这种在价值观、思想认识层面都受到压制的氛围。而有的教育者面对学生的心理问题也只是简单地询问和劝告，没有后续的沟通，这种做法也很不利于心理疏导主体在客体心中的形象树立。在与高校学生进行微信沟通或电话访谈时，学生们几乎都表达出：“希望高等职业教育尊重学生主体性”的想法。

四　心理疏导机制不健全

健全的心理疏导机制应该包括心理问题的预警机制、心理疏导的评估机制以及后续的追踪监测机制。近年来，虽然高校逐渐重视学生的心理问题，提高对心理疏导的关注度，建立心理疏导机制，但由于经验的匮乏和实际操作中的种种问题，心理疏导机制仍然存在很多需待完善的地方，主

① 崔建华：《心理治疗的理论与实务》，厦门大学出版社，2012，第46页。

要概括为以下两个方面。

其一，教育主体能力不佳，方法不够完善，内容不够科学。在现实的职业教育疏导过程中，由于教育者的专业水平不高、理论素养不足、实践经验少等问题，在开展心理疏导工作时效果欠佳；部分教育者对于心理疏导工作能动性不足，不能及时发现学生的心理问题。

其二，相关机构的效力没有得到有效发挥。虽然目前高校普遍设有大学生心理疏导机构，例如心灵驿站、心理窗口等，但需要注意的是，心理疏导是一项需要同理心的实践活动，需要心理疏导主客体在充分理解、信任的气氛下展开双向交流，才能发现和解决问题。但实际情况是，许多高校心理疏导平台只注重表面，把心理疏导当成一项硬性要求，并没有对疏导对象进行深入的了解。与此同时，疏导过程也呈现模式化，没有针对性，效果甚微，或者有的教育者缺乏基础的理解、尊重与同理心，让心理疏导客体产生强烈的排斥心理，心理疏导工作的实效大打折扣。更有甚者，寻求心理疏导平台帮助却没有得到回应，得到回应却达不到预期的结果，机构依然成了“空花瓶”。在访谈时，也有学生提到这一问题。

第二节　心理疏导在高校职业教育中所存在问题的原因分析

心理疏导作为思想政治教育中非常重要的一种方法，其特性与功能都是其他方法所不具备的，新形势下的高校职业教育对于亲和力、发挥教师人格魅力的关注，也正是心理疏导方法的特色所在，推广势在必行，因此探究心理疏导在应用中出现问题的原因非常重要，这对提高心理疏导实效性具有方向性的引导。

一　职业教育教师理论知识与工作素养有待提升

职业教育心理疏导作为一种在实施过程中需要运用教育学、心理学或者职业教育等相关理论和技巧的方法，专业性很强，因此对于心理疏导主体是有一定理论水平与专业素养要求的，如果从事心理疏导工作的主体有丰富的与学生接触的经验，对学生的思想动态与心理状态了解得较为全面，则可以灵活且有针对性地对学生进行适时适度的疏通引导，从而帮助学生调节心理，树立正确的人生观、世界观、价值观。目前在职业教育工作过程中，能与学生接触较多的工作岗位多为辅导员，虽然近年在“职业教育热”的推动下，对于高校辅导员的专业及工作经历要求越来越高，但整体来说，高校辅导员的专业背景与工作经历仍是参差不齐的，很多辅导员在从事思想工作以前并没有系统地学习过心理学或者接受有关心理学的培训，缺乏专业的理论知识作支撑，在进行心理疏导时往往会出现策略、方式、方法上的缺漏，甚至有可能将心理疏导变成不同氛围下的理论灌输。针对这个问题，在此次访谈中，高校职业教育教师与辅导员也认为专业培训对后续开展心理疏导工作有所帮助。

此外，心理疏导对于主体也具有一定要求，王仕民教授提出，心理疏导者应当在情绪疏导方面具备四个条件：一是教育者应当具备善于分析引起教育对象心境不同的原因的能力；二是要合理保护和激发教育对象的激情，而且要帮助教育对象提高自我控制能力；三是教育者要学会科学对待自己和教育对象的应激状态；四是要对职业教育工作有热情，可以以身作则，用积极的情绪感染对方。此外，在情感培养上，教育者应当具备道德感、爱国感、责任感、正义感以及理智感与美感。但反观当下高校，很多教育者是否具备这样的素质是不可知的，对于心理疏导主体的考核也较为欠缺。

二　心理疏导内容缺乏科学性

在传统高校职业教育的“一刀切”模式以及集体灌输、理论为主、教师主体的影响下，高校职业教育的传统弊端就是忽视实践、缺乏对个性的关注。近年来随着国家政策对于“人文关怀”和“心理疏导”的关注和强调，许多高校在国家的政策号召下，开设了相关的心理健康教育课程或者心理疏导机制，但可能缺乏前人经验借鉴，在实际操作过程中，教育者对于学生的差异性与个性特征的重视度仍不够，大型的专题讲座或者公选课形式的心理健康知识理论灌输往往形式重、模式多、互动少，讲解大而宽，泛泛而谈，针对性差，学生对内容不感兴趣，也没有深刻理解，更无法内化为自身理念。此外，部分教育者过度关注心理学的相关理论与知识，缺乏对学生背景的了解与关注，专业性过高，缺少对学生实际需求与心理状态的掌握，就会出现“有路无门、有药但不知病”的情况，学生真实的心理诉求还是得不到回应，部分高校甚至将心理健康课程设置为修分形式，学生不仅要上课，还要考试，这就使得心理疏导变成了心理负担，不仅削弱了心理疏导效果，也影响了学生的热情。

三　心理疏导环境不成熟

受到传统职业教育理念影响，高校职业教育所刻意追求的整齐划一的“一刀切”模式，并不适用于新形势下的高校职业教育，过分推崇集体性会对学生思想、心理、个性教育等实际需求造成忽视，学生的主体地位与情感教育也受到压制，久而久之，大学生职业教育中心理疏导的应用与功能、实效会渐渐弱化。与此同时，对心理疾病和心理问题的混淆也是心理疏导受到轻视的重要原因。大学阶段的学生极容易出现发展性心理问题或思想问题，但心理问题和心理疾病是两种不同的概念。广义来说，心理疾病属于生理疾病的范畴，需要药物治疗和心理治疗，而心理问题不是疾病，心理疏导的目的是解决人们心理、思想、观念方面存在的问题，改善不健康的心理状态，将思想与认识引入正确轨道。然而，以往的高校职业教育通常将学生在心理方面的疑惑、淤堵认作心理疾病，高校对学生心理发展规律和心理特点的关注也较少，也不会以心理学视阈去分析学生心理问题的根源从而进行疏导，说服教育是教育者面对出现心理问题的学生时常见的方法，这种方式缺少心理层面的分析思考，做法简单粗暴，使心理疏导失去了为大学生服务的意义。

除此之外，“以人为本”的教育理念已经贯穿于高校职业教育的很多环节，“立德树人”的高校职业教育也被高校视作核心要求，即既要政治教育，又要关心呵护，也要促进人的全面发展，据此建立了高校职业教育机制与平台以及心理疏导工作体系，但部分高校仍存在理解与应用“两张皮”现象，对心理疏导的实际应用关注度很低，有时甚至出现“形式主义”的问题。例如为了达成目标，完全迎合国家或者省级教育厅下达的政策或通知，在实际职业教育工作中过分追求形式，忽略了教育的实效性以及学生的参与意愿，因此很多高校学生在参与高校职业教育工作时将其当作一项必须完成的任务，和个人兴趣完全不沾边，也不会产生积极影响。高校职业教育应充分重视心理疏导的特性和作用，关注学生的日常生活与真实情况，重视学生的诉求、意愿与想法，也重视学生感兴趣的新闻热点、社会事件，对于学生的疑惑讲明讲透，而不是过分追求形式，忽视了职业教育的初心。

四　高校心理疏导载体落伍

心理疏导载体是指心理疏导在应用过程中以不同的途径、不同的渠道、不同的方式显现出来，心理疏导载体的丰富多样、规范合理能够提高心理疏导的实效性。职业教育过程中的心理疏导载体运用主要有以下几方面的问题。

第一，宣传载体不完善。心理疏导在职业教育中是一种极具亲和力的、有感染力的存在，新鲜有趣、喜闻乐见的宣传可以激发大学生去主动了解，并且亲身参与其中，但是当下很多高校却刚好缺少这样的宣传形式，而且心理疏导的相关内容大多以心理健康课程、讲座等形式被大家知晓，有些课程或讲座讲解得不全面或者过于偏理论化，还有可能导致学生的参与热情降低。在调查问卷“您在哪里看到过与心理健康或心理卫生方面的宣传信息?”这一问题中，37.1%的同学选择“学校公告”，13%的同学选择“网站”，22.8%的同学选择“宣传栏或宣传册”，16.5%的同学选择“微信公众号或其他社交媒体”，10.6%的同学选择“没看到过”，各类新媒体作为新时代下大学生普遍关注的互联网事物之一，在传播心理疏导相关信息的途径占比上却没有优势，显而易见，新时代下的高校职业教育如果想贴近学生、走进学生，就要打造一个“形式创新、内容鲜活、宣传亮眼”的新媒体团队，让学生乐于关注，喜欢关注。

第二，心理疏导运行载体单一落伍。虽然很多高校的心理疏导工作都在陆续探索和发展，但是在实施过程中，会受到方法单一、机构少、配置低、工作团队不专业等因素的影响，另外，由于理念、校园文化环境、社会舆论环境、高校重视程度等因素的制约，心理疏导的工作并未能得到有效进行或者效果不佳，这样也导致心理疏导的推广工作无法顺利进行。

五　心理疏导机制有待完善

心理疏导的监管和追踪机制不完善。心理疏导工作具有常态性与持续性，心理疏导主体在进行心理疏导后还需要继续观察回访，以确定实际效果。同时在日常职业教育中，有效的心理疏导监管机制也可以帮助教育者有效甄别可能出现心理问题的对象，从而及时干预，及时疏通引导。但在实际中，很少有高校的心理疏导工作能够妥善处理好后续问题，教育者出于时间、态度等原因无法进行后续的观察回访，而部分学生会为了保密而拒绝回访，从而导致心理疏导后续工作无法完善。但在调查问卷“您所在院系辅导员经常关心您和同学的思想动态、心理状态或生活情况吗?”这一问题下，45%的同学选择“偶尔”，25.8%的同学选择“经常”，17.6%的同学选择“几乎没有”，11.6%的同学选择“不清楚”。由此，心理疏导需要有一套完整的监督和追踪机制，以此保持心理疏导工作的常态性与持续性，避免“出现问题才关注、没有问题不理会”问题的发生。

心理疏导是一门科学，有着严密的科学体系。疏导的内容是用各种科学知识排除学生头脑中各种虚妄、扭曲、错误的认识。科学的内容需要与之相适应的科学态度和科学方法。疏导的理论和方法是科学的，但它必须与具体实例相结合，要求实事求是，从实际出发，符合学生的实际，要求科学的调查研究和科学的思考。总之，心理疏导中任何一个环节出现失误或偏差，都会影响其效果。

但是，心理疏导绝不是枯燥乏味的。如果能够针对学生的实际，见解精辟，语言优美生动，就可以像磁石一样吸引学生。这正是我们要对教师提出的科学性与趣味性相结合的要求。用文学艺术的手法，解释、阐述一些抽象的理论概念，把深奥的科学知识和复杂多变的心理、生理、病理现象，讲得通俗明白、形象生动，使学生听之难忘，这是心理疏导所需要的。科学是一种抽象思维，但在抽象思维与形象思维之间并没有不可逾越的鸿沟。教师可以同时运用两种思维形式，把它们巧妙地结合起来，达到理想的治疗目的。

教师不仅要透彻地掌握心理疏导疗法的理论，熟练地运用心理疏导的方法，深入了解学生的实际情况，平时还要加强学习，广泛涉猎，做到既专又博，用自然科学知识、社会科学知识、文学艺术知识全面武装自己。教师平时还要注意广泛收集各种可供运用的宝贵资料，如生动的文学、历史、科学故事，有趣的问题，发人深省的名言警句，富于哲理的谚语、成语、诗词、歌赋、寓言、笑话，耐人寻味的典型事例，值得反复领会的论断，能开阔视野的各种知识，等等。这些资料如果运用得当，就能达到寓抽象于形象、寓哲理于情趣的目的。例如教师在讲解个性类型和个性缺陷时，如能把学生熟悉的文学艺术作品中的典型人物的个性特点穿插进去，就比从概念到概念的抽象论证显得生动活泼，有利于激发学生的兴趣，并加深其印象。

如果在进行心理疏导时不注意趣味性，只死板地运用概念和专业术语，而不管学生愿不愿意听、能不能接受，这样学生可能很快会对心理疏导失去兴趣，最终影响心理疏导的效果。

在心理疏导的过程中，科学性与趣味性相结合的原则应该普遍运用，以提高疏导效果。但是应该强调指出，科学性是第一位的。心理疏导从根本上来说是科学知识的传授。因此，教师必须明白，对趣味性的追求不是为了哗众取宠，博学生一笑了之，不能舍本逐末、喧宾夺主，以致破坏心理疏导的科学性。讲求趣味性是为了更有效地阐明科学道理，使学生易于接受、易于理解，加深其印象。科学性与趣味性要互相结合，并行不悖，相得益彰。循序渐进是心理疏导的重要原则。这个原则既反映了心理疏导体系的有序性，也符合学生认识疾病的有序性，这两者是一致的。

学生认识疾病与人类认识客观世界一样都是有次序的，即经历从个别到一般、从具体到抽象、从感性到理性、从疾病症状到疾病本质这样一个过程。疏导心理应该遵循这一认识次序。疏导的内容应该先谈浅近的、基本的，再谈深远的、难度大的，并采用必要手段使学生先用感官直接感受，然后上升到理性认识，再进行能动的实践。每次心理疏导都要考虑学生的接受能力，内容的前后衔接和联系，哪些是学生容易掌握的，哪些是重点和难点，等等。有了“循序”这个前提，“渐进”就有了基础。

教师要做到循序渐进，必须做好信息收集，做到心中有数，否则就谈不上治疗中的循序渐进，进行心理疏导时不是失之太浅，就是过于艰深。太浅，往往只在学生印象中一掠而过，留不下痕迹；艰深，则会使学生感到困难重重。这两者的结果都只能是使学生的认识来回滑动或止步不前。教师在了解了学生的情况后，要一点点去做、一步步前进。如果贪多求全求快，则欲速不达。少则得，多则惑，教师一次讲得很多，学生所得往往很少。教师讲得面面俱到，学生反而感到模糊，结果事倍功半、劳而无功。如果教师讲得虽然不多，但都被学生听进去了，那就是一个进步。循序渐进从全局看、从长远看，学生得到的更多、收效更大。古人谈兵法云：“途有所不由，军有所不击，城有所不攻，地有所不争。”在心理疏导中也是如此。

循序渐进必须是扎扎实实地前进，做到攻必克、战必胜，抓住一个问题就要彻底解决，然后再前进。不能这个问题摸一摸，放下了，那个问题也摸一摸，再放下。这样什么问题也没有解决，不能取得进展，同样违背了循序渐进的原则。

循序渐进的过程中必然要遇到难点、难关，这时一般不应直接绕过。教师和学生要紧密配合，协调一致，下定决心，全力以赴，渡过难关。循序渐进要一进到底，不能半途停步。有的患者浅尝辄止，略有进展就满足了，这样往往可能前功尽弃。

第七章　高职院校学生职业教育的优化路径

第一节　践行高职院校学生职业教育理念

一　以人为本

以人为本的时代意蕴。以人为本也是马克思人学理论的原则，是科学发展观的本质和核心，是党和国家一切工作的出发点和落脚点。习近平总书记指出："要坚持不懈促进高校和谐稳定，培育理性平和的健康心态，加强人文关怀和心理疏导，把高校建设成为安定团结的模范之地。"① 以人为本是在职业教育工作中，以人为出发点，以人的发展和需要为目标，尊重人与人之间的差异，把人看作现实的和社会关系中的人，调动人的积极性、激发人的创造性，促进人的全面发展。以人为本在高职院校的职业教育工作中也具有重要的理论价值。以人为本的理念在实际工作中需要做到充分尊重学生的主体地位，尊重学生差异化的存在，尊重学生独立自主的权益；促进全体学生的全面发展，强调人的重要性。

以人为本的具体目标。在以往的教育过程中，教育者居于主体地位，当然在现阶段这一现象有所改变，但是依然有很多教育者把自己放在权威的地位。以人为本、以学生为中心在提升职业教育工作实效性方面是符合时代特色和学生特质的，并且有利于实现和谐的主客体关系；主客体关系和谐有利于高职学生学习热情的提升和积极进取态度的形成。坚持以人为本：一是在尊重高职学生个性化差异的基础上，引导其自我教育；二是尊

① 《习近平谈治国理政》第 2 卷，外文出版社，2017，第 377 页。

重高职学生合理的需要；三是提升高职学生认知的积极性和创造性；四是确定主客体和谐关系的价值标准。

二 知行合一

知行合一的历史追溯。“知行合一”是明朝思想家王阳明的核心思想，他在《传习录》中说“知是行的主意，行是知的功夫；知是行之始，行是知之成。”习近平总书记也提出：知是基础、是前提，行是重点、是关键，必须以“知”促“行”，以“行”促“知”，做到知行合一。[①] 知行合一是我国教育思想的凝结，是需要遵循的认知理念。

知行合一的时代意蕴。“知行合一”实践是认识的基础，也是马克思主义辩证唯物论知行统一观的体现；《中国教育现代化 2035》将“基本理念”单列一节，将“知行合一”作为基本理念，写入我国的教育政策之中。遵循人的成长规律，面向未来，面向教育现代化，面向国际。

“知行合一”的实践场域。坚持为谁培养人、培养什么样的人和如何培养人的使命。坚持知行合一，落实立德树人任务；坚持知行合一，让高职学生成为生活和认知的主人；坚持知行合一，将认知教学与社会实践活动融合；坚持知行合一，构建校园职业教育认知实践环境。纸上得来终觉浅，绝知此事要躬行。高职学生通过实践辩证的反思和总结，从而实现自我认知提升，生成符合中国特色社会主义要求的思想品德。

三 创新教育

创新教育的历史追溯与时代意蕴。1912 年约瑟夫 · 熊彼特提出现代创新理论；1916 年美国教育学家杜威提出创造性人才学说；1917 年我国著名教育家陶行知提出创造教育思想；1951 年我国学习苏联开始进行创新教育；1983 年邓小平提出：“教育要面向现代化，面向世界，面向未来。”[②] 这也是我国教育改革的根本思想。2006 年 1 月，《中共中央 国务院关于实施科技规划纲要增强自主创新能力的决定》中首次明确地提出“创新教育”的

① 《习近平关于党的群众路线教育实践活动论述摘编》，党建读物出版社、中央文献出版社，2014，第 39 页。

② 《邓小平文选》第 3 卷，人民出版社，1993，第 35 页。

概念，对于培养创新型人才具有伟大的意义。2019 年 2 月，中共中央、国务院印发了《中国教育现代化 2035》，其中明确提出：培养学生的创新精神与实践能力。2021 年 3 月，《中华人民共和国国民经济和社会发展第十四个五年规划和 2035 年远景目标纲要》中 165 次提到“创新”；我国在创新教育道路上从指导思想、目标到措施等方面构建了完善的创新教育体系。中国共产党人在百年历史进程中，更是在实践基础上坚持创新，取得了辉煌成就。

创新教育理念，培育创新人才。工业化、市场化、全球化、现代化促使教育环境发生改变。耶鲁大学前校长理查德·雷文曾强调指出：“要培养大学生的好奇心、严密的逻辑思维和独立的思考、实际解决问题的能力，让他们从多学科的角度来思考问题，从而得出全新的、具有创造性的结论。”① 因此，要特别重视学生的操作性、好奇心、兴趣等，针对高职学生善于用右脑的特征积极地发挥学生的想象力和创造力。

第二节　遵循高职院校学生职业教育原则

一　遵循认知形成基本规律

认知是通过听、阅读、视觉的观察、操作的进行，从感性认知上升到理性认知的过程，是再次实践的过程，循环往复，螺旋上升。认知主体经过同化、顺应、重组使得其知识结构和经验结构日趋完善：认知结构的日益变化带来对概念和理论的升华，带来生活经验、情绪情感经验、技能经验和知识经验的升华。大脑认知在每一个环节都有规律可循，而认知形成必须遵循规律，才能事半功倍。因为认知过程中也要考量学生的能力、认知起点、认知特点、个性、认知风格的差异，所以教育者要在遵循认知规律的基础上“因材施教”，进行引导。

高职学生一旦拥有了一定有序的认知结构，形成自己的思维，也就具有了独立思考的能力，以此进行决策和解决问题，进而具有了创新能力。在实际的工作中，高职学生做决策依据的点是片面的、不完整、不理智的，

---

① 〔美〕理查德·雷文：《大学如何服务于社会》，《国家教育行政学院学报》2006 年第 9 期。

而这个过程需要教育者的引导，学生总是在一次次经历中获得成长。根据认知形成的规律，高职院校学生职业教育认知工作，是以学校领导、行政管理人员、教师和后勤服务人员为主体的，全员参与、多种渠道形成合力，运用自己的认知结构积极地引导学生、了解学生、理解学生，符合学生认知规律，润物无声，入芝兰之室，久而自芳。当然高职学生的认知能力得到提升，能够树立正确的世界观、人生观、价值观，能够明辨是非、善于抉择，能够树立文化自信将是高职院校学生职业教育认知在实效方面取得的成果。

二　政治性与科学性的统一

职业教育的政治性是合目的性，是职业教育的本质属性，职业教育必须把握政治的敏锐性和方向性。习近平总书记在中国共产党第二十次全国代表大会上指出："团结带领全党全军全国各族人民有效应对严峻复杂的国际形势和接踵而至的巨大风险挑战，以奋发有为的精神把新时代中国特色社会主义不断推向前进。"① 一个国家的公民如果缺乏政治敏锐性，面对纷繁复杂的国际环境，很难做出正确的抉择。职业教育的政治性体现在政治理念、政治制度、政治政策方面，必须彰显职业教育的价值取向和阶级立场，为大局服务。

职业教育的科学性是合规律性，即包含对社会发展本质和规律的认识，对职业教育本质和规律的认识，对学生在职业教育过程中心理活动规律的认识，追求人的全面发展和社会的和谐发展。职业教育是以科学的辩证唯物主义、历史唯物主义、毛泽东思想和中国特色社会主义理论体系、习近平新时代中国特色社会主义思想理论为指导；在职业教育过程中形成了思想行为转变规律、职业教育疏导规律等；在职业教育过程中，形成了特定的科学方法和艺术，有利于提高职业教育工作的实效。

政治性为灵魂，职业教育的科学性必须服务于政治生活，以保持政治话语权，突出政治性，依托于科学性；尊重科学性，统辖于政治性。

---

① 习近平：《高举中国特色社会主义伟大旗帜　为全面建设社会主义现代化国家而团结奋斗——在中国共产党第二十次全国代表大会上的报告》，人民出版社，2022，第 2 页。

三 引导与自我教育相结合

人类文化的传承有两种方式，就是他人教育引导与自我教育。他人教育，是外在的引导，能够取得效果，是教育者与受教育者合一的过程；而自我教育，是内在的需求，从而产生动机，心理紧张，利用内生动力去完成目标。一切他人的教育引导都需要受教育者的配合与内生动力的产生，也就是外因通过内因起作用，内生动力，对于认知具有重要的作用与意义。教育引导与自我教育的珠联璧合构成了文化传承的方式。随着高等教育大众化的不断发展，再加上长期的应试教育体制，到高职阶段的学生明显缺乏自律性。这就需要教育者在认知上对其进行引导，坚持正面宣传，传播主流声音，传播正能量，加强对高职学生的思想引导使其自身产生积极向上、蓬勃发展的内驱力。党的二十大报告指出："教育是国之大计、党之大计。培养什么人、怎样培养人、为谁培养人是教育的根本问题。育人的根本在于立德。全面贯彻党的教育方针，落实立德树人根本任务，培养德智体美劳全面发展的社会主义建设者和接班人。"①

自我教育，是高职学生按照职业教育的目标，对照职业教育的要求，主动地提高自己的政治认知、思想认知和职业道德，对于不符合职业教育目标与要求的部分做出调整，改变认知和行为，以做出正确的抉择。自我教育同样是重要的教育，内在动力是推动生命由内到外的成长，积极向阳。如树木般积蓄能量、向上生长争取阳光雨露，追寻目标；向下扎根，储备能量，蓄势待发。正如苏霍姆林斯基所说的："道德准则，只有当它们被学生自己追求获得和亲身体验过的时候，只有当它们变成学生独立的个人信念的时候，才能真正成为学生的精神财富。"也正如《大学》中提到的：格物，致知，诚意、正心，修身，齐家，治国，平天下。

第三节 运用高职院校学生职业教育方法

高职院校学生职业教育认知是"知、情、意、信、行"的"知行合一"

① 习近平：《高举中国特色社会主义伟大旗帜 为全面建设社会主义现代化国家而团结奋斗——在中国共产党第二十次全国代表大会上的报告》，人民出版社，2022，第 34 页。

过程。高职院校学生职业教育认知研究是职业教育为了提升针对性和实效性在方法上的创新、扩容及迁移运用。对于高职学生来说，他们做不到什么，不是以后也做不到，只是还没有掌握方法，因此需要教育者运用认知方法并指导学生。这个过程也集中体现了高职院校学生职业教育认知的引领、迁移、矫正、修复功能。

一　认知重建法

知，是高职学生对思想品德的认识和对职业道德的理解和领悟。高职学生如何理解和领悟知识结构和经验结构，归根于高职学生的认知结构。一个人的认知结构通过广度、深度、时空维度、质量四个方面来考量；学生的认知结构广度越广，深度越深，建构时间越早，空间视野越大，质量越高，错误的认知越少。学生在当下的学习生活、未来的工作生活中就能够进行独立思考，可选择范围就越广泛；能够了解自己的与众不同，认识自己，相信自己，有明确的目标，能更好地进行决策和解决问题。然而事实上，高职学生的认知结构在广度、深度、时空维度和质量四个方面的建构并不乐观，这需要教育者在方法上给予引导和帮助。

（一）认知重建法的概念

认知重建法是以认知心理学为基础的方法。认知学派认为：认知是刺激和行为的中介，一个人的行为反应结果，并不是由刺激产生的，而是由对这个刺激的认知而来的。学生在解决问题的时候，从外界获取信息，结合自己的认知结构，提出问题的假设，进行推理，得出结论，并验证结论。在认知重建中教育者扮演着指导者的角色，帮助学生找出其认知上存在的错误，促使其更好地认知自己的情绪与行为的偏颇，从而正确地处理自己的困扰。

但是很多判断、推理和思维具有模糊的类自动化的反应，思维过程中错误的观念和思维模式固定为思维习惯，也就是美国著名心理学家阿伦·贝克提出的“自动化思维”，从而形成系统推理错误；还有个体成长过程中习得并认可的行为准则，也是个体的评价依据。

（二）认知重建法的适宜性

有些高职学生存在主观推断、以偏概全、过度概括、夸大或者缩小、个性化、贴标签、非此即彼的思维，诅咒自己等认知的失真问题，从而产生困扰。事实上也有这样的真实案例：有的同学竞选班级干部，但是没能成功，于是就展现出一种自我的否定，消极地学习，整个大学期间浑浑噩噩，以至于很多课程都以挂科而终，无法毕业，悔不当初；还有的同学寝室关系不睦，实际上是性格的差异、归因方式的以偏概全及非此即彼的黑白思维所导致的，但是学生并不知晓这些，留下一段不愉快的寝室生活记忆，并且影响了学习。这的确需要职业教育者的介入。采用改变认知、认知重建、正确归因以及以学生为中心的疏导方式。

（三）认知重建法的过程

教育者需要指导学生记录自己的思想过程，并找出这些认知失真的根源，运用正确的思维方式替换错误的自动化思维。教育者要根据学生的实际情况，指出学生存在错误认知的地方，找出这些错误认知的根源，帮助学生建立合理的认知。例如："我什么事也做不好"是以偏概全的思维，正确的思维是：我有很多事情干得很好，没做好的事情，是因为我没掌握正确的方法，当我掌握了方法，我就能够做好。高职学生产生困惑的原因有多种：有自身气质、性格方面的原因，有对人的认知不完善的原因，有策略方面的原因，有能力方面的原因，有对环境不适应的原因，等等，问题产生的原因是多方面的，单归结为一两种，就犯了以偏概全的归因错误。应该根据实际情境，采取内外因结合的方式。认知的改变与重建，需要教育者多次指导，找出学生隐含的错误思维路径，帮助学生重建正确的思维路径、思考方式，得出正确的推理结果。

二　情感联结法

情，高职学生对思想品德的情感，是高职学生按照一定社会的思想品德原则和规则去体验、评价周围人和事物的时候所产生的情绪体验，这种体验包括喜、怒、哀、惧、厌、蔑、惊。而教育者需要与学生建立良好的情绪体验，满足个体需要，即"喜"和"认同"，使学生在学习知识的时候心生欢喜并认同教育者。高职学生的情感主要来自对教育内容、教育者或教育情境的情感，久而久之，形成稳定的情感。

（一）情感联结法的概念

情感联结法是教育者对学生提供情感上的支持与引导：把情感和认知联系在一起，将学生对教育者的认可、信任的情感迁移到认知学习中，以期取得与其能力相符的结果。情感联结法是教育的一部分，在实践中，应把情感和认知很好地统一起来，以提高职业教育工作的实效。核心是：建立师生联系，找到师生联结的点；把师生情感联结建好后，将学生情感上的认同迁移到职业教育学科的学习中；在学科教育中，把教育者、学生、连结点、认知内容、认知方法、课堂环境等融为一体，实现课堂教育或者情境教育的结合，让学生沉浸在课堂或情境中，取得良好的课堂效果。

（二）情感联结点

情感联结点，不是随意找出来的，而是需要心理测量支撑的。美国心理学家卡特尔，最早应用16种人格因素测验分析法研究人格特质，这是世界上最完善的心理测量之一，他对个体差异进行测量的16个因素或分量表的名称分别是：乐群性、聪慧性、稳定性、恃强性、兴奋性、有恒性、敢为性、敏感性、怀疑性、幻想性、世故性、忧虑性、实验性、独立性、自律性、紧张性，从16个方面描述个体的人格特征。

情感联结点是在了解学生个性的基础上进行访谈。结合学生的不足与优点，对不足的成因进行分析，有的放矢地分析学生的成长经历，鼓励学生改变不足，取得成就。肯定学生的优点，给予积极关注、积极评价；很多学生并不了解自己，当看到自己有那么多优点的时候，甚是喜悦，因为在其成长过程中，很少得到表扬和认可，有的学生还结合自己的优点确立了中期目标，并且一年后实现了自己的目标。促使学生在课堂或教育情境中，更加积极和乐观，重拾优良状态，充满信心。教育者通过心理测量和访谈，与学生建立了联结点，这个点是真实存在的，同时放大了高职学生的优点，学生也觉得教育者了解他（她），相信教育者能够理解他（她），师生距离一下就拉近了，关系也亲近了。

很多职业教育课程和专业课程是大班上课，这就出现了一个问题，很多职业教育课程的教育者不能记住全部学生并且了解学生，无形中学生和教育者的距离就拉远了。用情感联结法就规避了学生不积极、不配合的认知行为。

（三）教育者的积极肯定

在学科教育中，把教育者、学生、联结点、课堂环境等融合为一体。在职业教育的课堂上或者其他教育情境中，积极地与学生互动，把课程知识点与学生大脑里的知识结构和经验结构相联系，并表达出来，与认知过程结合，采用学生平时表现量化表，让学生自己登录查询互动成绩，能够使学生记忆深刻，注意力集中，牢固地掌握知识。在这个过程中，回答问题的学生获得了认可与表扬，学生觉得自己在群体里是优秀的，是有极大进步空间的，所以更积极地参与课堂教学活动，进而实现了情感与认知的统一。

三　意志力训练

意，是高职学生对思想品德的意志，是高职学生实现符合思想品德行为的持续的精神力量、意志力，是高职学生为了实现目标，调节与控制行为，同困难作斗争，从而实现目标的品质。高职学生要如孟子所说："天将降大任于斯人也，必先苦其心志，劳其筋骨，饿其体肤，空乏其身，行拂乱其所为，所以动心忍性，曾益其所不能"，不断提升意志力。

（一）目标可视化

学生有目标，才能有内在动力去实现目标。制定的目标不能太高，要和学生的能力相符合，如果目标太高，学生做不到，那么容易气馁；制定的目标，能力能达到，但还需继续努力，才能达到。把目标视觉化、图像化，是一种提醒和激励的方式。首先需要明确目标，继而制订计划，然后把目标想象为目标图景。设想一幅图景，让它足够清晰、明确、详尽，并把实现目标的情景加入进去，感受实现目标的情绪，并牢牢记住这种情绪，激发自己产生内在的动力。然后把目标图景转化为图像，放到现实生活中随处可见的地方时刻提醒和激励自己实现目标。

（二）最优状态法

最优状态法，通过最优经验的回忆，重拾信心。学生回忆自己过去18年的生活，总有值得自己骄傲和自豪的事情，让学生回忆宝贵的经验，重现当时的情境，并深深地记住这样的感觉，把这样的感觉带入自己的目标中去，相信自己能够实现目标，内心和谐才能酿造出美好的结果。最优状态法能调动自身存在的力量、信心、勇气、希望，告诫自己不在无益的地方被诱惑，浪费时间和精力。

（三）意志力训练

人的意志力如同一个能量池，当疲于应付多个目标的时候，能量就会减少，因此当需要调动能量完成大目标的时候，能量就不够了，相应的自控力也就下降了。为了实现目标，主体就需要取舍，尤其是面对需求的诱惑和阻碍的时候。当成功实现自控的时候，人体的副交感神经系统会发挥作用，缓解压力，控制冲动，平和心态。

觉察。学生要想清楚：自己的目标是什么；实现这个目标需要做出哪些有利于目标实现的决策；哪些决策是让自己离目标越来越远的；做决策的时候，意志力发挥作用了吗？什么情况下，屈服于诱惑和冲动；什么情况下，自己能够凭借意志力进行自控。学会觉察是自控的第一步。

锻炼。运动是最简单有效的提升意志力的方式，对意志力的提升是立竿见影的。“最重要的是，锻炼能提高心率变异度的基准线，从而改善自控力的生理基础。”① 运动可以提升自控力和意志力，推动个体进行实现德育目标的行为，阻止与目标无关的行为出现。

睡眠。“睡眠质量在手机依赖和焦虑症状之间有调节效应，睡眠质量差的大学生手机依赖与焦虑症状的关联更明显，手机依赖严重的大学生常常熬夜玩手机游戏、网购、看视频等，导致入睡时间延迟，睡眠质量差”②。剥夺睡眠会使得意志力下降，减少手机使用时间，保证充足的睡眠时间，

---

① 李欧、陈华主编《公安院校大学生心理健康教育》，电子科技大学出版社，2019，第167~168页。

② 王海清、饶珈铭、叶云凤等：《广州某高校大学生手机使用与睡眠质量的关联分析》，《实用预防医学》2016年第4期。

也是提高学生意志力的有效方式。

四 修正认知法

信，是高职学生对思想品德的信念，是对思想品德规范的内心信仰，是知、情、意三者的合力与统一，人对事物产生认知之后，生发情感，思想上坚定不移地相信并身体力行，坚信一定能够实现的强大精神动力，是人生前进的方向。习近平总书记指出："理想信念就是共产党人精神上的'钙'，没有理想信念，理想信念不坚定，精神上就会'缺钙'，就会得'软骨病'"。[①] 高职学生的理想信念尤为重要，马克思主义理论等科学理论能够保证高职学生理想信念的科学性和合理性。个体信念是个体主观认为的事物的发展规律或者本质，没有绝对有效的信念，一个人信念的建构来自家庭、学校、社会、自我四个部分，有的学生的信念具有局限性。信念能够产生巨大的动力，是人的精神支柱。

在高职院校学生职业教育认知过程中，信，是高职学生对认知对象的肯定程度。第一个层次是认可认知对象的现象与本质；第二个层次在第一个层次的基础上，是高职学生对认知对象满足自身需要的价值的确认，即十分相信，是以此为指导的认知升级。同时，将其纳入自己"由信念、价值、规条"构成的信念系统，信念系统是开放的，具有个人倾向，是个人经验的结果。在职业教育过程中，在教授学生马克思主义理论等科学理论的同时，要时刻修正学生原有的不合理信念。在认知学派 ABC 理论中：A 表示诱发性事件，B 表示个体针对此诱发性事件产生的一些信念，即对这件事的一些看法、解释，C 表示自己产生的情绪和行为的结果。因此个体的信念是重要的，并且影响个体的情绪和行为。高职学生需要教育者进行引导，在大学期间以马克思主义科学的理论为基础，建立合理的人生信念。苏格拉底的"精神助产术"适用于各种时空境遇，与学生进行谈心，善于运用"钓语"对学生提问，与学生开展对话与辩论，顺着学生的逻辑进行推理，引出学生观点中不正确的地方，让学生自己认识到自己的错误，帮助他们建立合理的信念，并坚定信念一定能够实现。有时候也需要使用具体化技

---

① 习近平：《紧紧围绕坚持和发展中国特色社会主义 学习宣传贯彻党的十八大精神——在十八届中共中央政治局第一次集体学习时的讲话》，人民出版社，2012，第 11 页。

术，引导学生用具体的事件把模糊的思想观点表述出来，有的放矢地解决问题，从而帮助学生找到适合自己的学习方法及正确的人生方向。

五　榜样模仿法

行，是高职学生对思想品德的践行，“知”是将理论内化，“行”是将理论外化为情感或者行为。行为模仿法，引导学生找出自己人生的榜样，该榜样具备哪些优秀的职业道德品质，角色扮演调动大脑与身体的协调一致，形成具身感受。如孟子所言：“子服尧之服，诵尧之言，行尧之行，是尧而已矣。子服桀之服，诵桀之言，行禁之行，是桀而已矣。”

（一）建立范本模式

向学生展示正确的职业道德行为，可以通过多媒体、电视、电影等手段，让学生有视觉的录入，继而让学生准备参与和模仿相关的榜样。角色扮演榜样人物，看似简单，实则需要做很多准备工作，例如准备道具等。

（二）角色扮演榜样人物

让学生在具有情感的情境中进行感知、理解、记忆、语言表达、思维体会、促进学生的榜样人物具体化。详尽地搜集和整理该人物具体的职业道德品质特点，形成完整的叙事链条，如时代背景、人物特征，其内心体验、信念系统、内心秩序、具有逻辑性和整体性的事件过程，以及其人生经验的本质和意义是什么。能够使学生更好地理解认知内容、概念和内涵，并生成情节记忆。角色扮演榜样人物，可以让学生用极短的时间来体悟榜样的人生经验及其精神财富。

（三）不断强化

由教育者设计角色扮演评价表，对学生给予积极的评价并赋分，并让学生自己登记在评价表中，强化学生的积极体验。

（四）鼓励行为

通过奖励强化行为，提升该行为出现的频率，慢慢达到教育者和学生期望的目标，并鼓励学生把榜样的精神运用到实际情景中去。鼓励学生在未来的工作生活中也运用榜样人物的优秀品质和智慧行为。

六　心理疏导法

心理疏导是指运用心理学理论与方法，采取适当的干预措施，解决个体心理问题，以提高个体的社会适应能力，帮助个体形成健康积极的心理状态。随着素质教育理念的深入人心，以人为本逐渐成为现代教育教学工作的宗旨，心理疏导也随之被应用于教育领域，尤其在职业教育中具有广泛的应用。将职业教育与心理疏导相结合，能够有效改变以往的灌输式教育倾向，使教育教学更加契合学生心理规律与认知特点，这与职业教育遵循的“知行合一”具有一致性；通过心理疏导给予高职学生良好的情感关怀，引导高职学生成长为心理健康、人格健全的优秀青年，切实提升育人效能。

（一）在高职院校学生职业教育活动中开展心理疏导的现实作用

第一，有助于提升职业教育的育人性。相比于专业性学科教育，职业教育者应更加关注高职学生的个体需求与情感心理，引导高职学生形成正确的世界观、人生观、价值观与良好的思想品质，促使高职学生成长为德才兼备、综合素质良好的现代化人才。然而受传统教育理念的影响，职业教育者过于强调社会价值的重要性，要求受教育者全面接受社会环境的价值塑造，一定程度上忽视了受教育者的个体性需求，使得职业教育缺乏良好的人文性与情感性。鉴于此，心理疏导活动的开展能够使职业教育重新回归到以人为本的理念上，充分关注高职学生的心理认知与发展特点，引导学生科学消化不良情绪，勇敢面对挫折，树立积极健康的价值观与思想人格。比如，借助对话引导方式，让高职学生逐步探索自我，形成清晰全面的自我认知与积极向上的人生态度，实现思想人格的健全发展。

第二，有助于提高职业教育的针对性。长期以来，我国高职院校是开展马克思主义意识形态教育的主要阵地之一。通过引入心理疏导机制，教育者可以运用心理学的知识与手段，剖析高职学生各种行为举止的心理原因，把握高职学生真正的心理需求，充分认识到学生之间的个体差异性，从而采取有针对性的教育方式进行疏导引领，帮助学生解决心理问题，促使其实现自我的全面发展。比如，教育者可与学生面对面地沟通交流，引导学生主动倾诉烦恼、表达真实的情感需求与内心困惑，从而结合自身经验与学生实际成长阶段提供切实可行的建议，或者给予情感关怀，帮助学生积极乐观地看待问题，养成良好心态。

第三，有助于提升职业教育亲和力。职业教育不应一味强调教育者的主体权威，将受教育者摆在被动的知识获取地位，而应坚持平等开放，尊重受教育者的主体性，让教育主客体在平等开放的环境中进行交流探讨，充分调动其积极性与主动性，从而产生良好的职业教育成效，使得职业教育内容入脑入心。而心理疏导正是从人的心理发展特点出发，强调交流过程的平等性与互动性，主张创设安全宽松且舒适的环境，使人们敞开心扉、倾诉心声，促进其心理素质的提升和健康成长。因此，将心理疏导应用于高职院校学生职业教育认知中，能够切实改变不合理的教育模式，提升学生主体性，使得职业教育工作真正做到以学生为本、一切从学生出发，这能够显著提升高职学生对职业教育认知内容的接受度。

（二）高职院校学生职业教育活动中心理疏导面临的困境

当前，心理疏导在职业教育中的重要性日益凸显，且其良好的指导作用得以充分发挥，并取得了一定教育成效。但从整体来看，仍然存在心理疏导方法不合理、心理疏导机制不完善、心理疏导内容不科学等问题，制约着职业教育的可持续发展。

第一，心理疏导方法不合理。心理疏导讲究双方的互动交流与平等沟通，只有互相交换观点、沟通情感需求，才能取得良好的疏导效果。因此，传统的“一刀切”教育模式既无法适用于心理疏导工作，也不符合高职学生的认知特点与心理需求。然而在实际工作中，职业教育心理疏导依旧过分强调教育者的权威，将教育者置于主导性地位，认为学生应尽可能地听从教育者的意见与建议，服从教育者权威，这使得学生的畏惧心理加剧，难以直接表达内心的真实想法，教育者更加难以了解学生真实的心理诉求，最终导致心理疏导效果不佳。

第二，心理疏导机制不完善。建立健全心理疏导机制是保障心理疏导工作与职业教育融合发展的重要条件，对于提升心理疏导效能、提升学生心理素质具有关键作用。但是整体来看，学校职业教育工作者对心理疏导的认知不够深入和清晰，且缺乏丰富的心理疏导工作经验，在实际工作中存在诸多问题，最终影响了教育成效。一方面，教育者的心理疏导意识与能力不足。职业教育者、辅导员等作为心理疏导教育的主体力量，理应承担起与学生沟通交流、疏解高职学生心理困惑的责任。但现阶段其所具备的专业知识与工作能力不足以支撑心理疏导工作的顺利开展，他们无法根据高职学生的实际情况进行科学的心理疏导，高职学生的心理问题始终得不到有效疏解。另一方面，相关组织机构的力量发挥不足。尽管许多学校开设有心理驿站等专门的疏导机构，但心理疏导教育者严重不足，部分工作人员并未深入了解学生的心理诉求，缺乏良好的共情能力与同理心，最终导致心理疏导成效大打折扣。

第三，心理疏导内容不科学。在职业教育中，心理疏导主要依托专业理论课和日常职业教育进行，基于传播心理学理论与心理疏导技巧，促使学生逐步形成正确的心理认知，化解负面消极的心理情绪。但是受传统教育理念影响，职业教育者在课堂教学中主要围绕心理学理论知识展开讲解，忽视对学生价值观、人格品质等的培养，无法为高职学生实际生活提供指导，难以满足学生的个性化心理疏导需求。同时，心理疏导过于注重宏观抽象情感的渗透，使学生被动接受空洞的人生哲理，既未挖掘学生内心的真实情感需求，也未构建良性的沟通互动机制，一定程度上削弱了学生参与心理疏导的热情与动力。

（三）高职院校学生心理疏导法

要想充分发挥心理疏导的内在效能，推动职业教育创新发展，职业教育者应深入研究高职学生的心理特点与思想情感，尊重学生的主体性与思维方式，具有针对性地实施心理辅导，帮助受教育者化解负面情绪、科学处理心理问题，形成积极健康的心理认知，使其逐步成长为思想进步、价值规范的现代化优秀青年。具体来说，可采取以下三项措施。

第一，创新职业教育心理疏导方法。在职业教育中开展心理疏导需要借助科学的方式方法，根据高职学生的认知发展规律与兴趣偏好，以受教育者喜闻乐见的教学模式引导学生积极参与，提升心理疏导成效。比如，借助信息技术手段，搭建心理疏导的线上网络平台，并在校园官方微信公众号、微博、抖音等平台推送心理疏导相关知识，与学生实时互动交流，以深入了解学生心理认知情况，从而有目的、有计划地开展心理疏导，引导学生形成健康积极的心理状态。

第二，完善职业教育心理疏导机制。心理疏导是职业教育的重要组成部分，对于提升职业教育成效、推动职业教育内容入脑入心具有重要作用。但是要想促使心理疏导真正融入职业教育过程，还需构建科学规范的制度体系，充分调动各主体的积极性，打造全方位育人格局。一方面，强化前瞻性思维，做好心理危机预警工作。高职学生的心理发展虽然具有一定规律，但这个规律总体上较为复杂、隐蔽、不易察觉，只有系统搜集高职学生生活学习的各项数据信息，进行及时分析预测，发现高职学生潜在的心理问题，并采取具有针对性的疏导措施，才能够最大限度地降低心理问题的危害性。教育者可借助大数据技术，依托校园网站、网络社交媒体等平台搜集学生数据信息，进行科学评估分析，及早发现问题，发出预警信号。另一方面，健全心理帮扶机制。高职学生在校园生活中难免承受人际关系、学业等方面的心理压力，进而产生不同程度的心理问题。此时，职业教育者应加强疏导帮扶，设立相应的心理咨询室、心理健康中心，为学生提供良好的心理咨询服务，帮助学生缓解各方面压力，使学生始终保持乐观的心态。通过微信公众平台等提供线上心理咨询，以满足学生的个性化心理需求。

第三，优化职业教育心理疏导内容。心理疏导既不是“一刀切”的理论灌输，也不是大而空的情感说教，而是注重个体的真实感受与内心诉求，通过了解高职学生的心理困惑，明确其心理问题产生的根源，从而采取针对性措施促进高职学生心理健康发展。

首先，教育者要优化教学内容。教育者需要结合当代高职学生不同的心理需求优化教育教学内容，构建立体化、多层次的教学体系。其中，针对学习压力等方面的问题，通过问卷调查、面对面沟通、数据搜集等方式，梳理出具有明显或潜在学习压力的学生，并建立全程化跟踪档案，记录学生不同时期、不同场域的学习表现，分析学生心理状况。同时，由奖学金、家庭困难等原因引发的群体性心理问题，职业教育者应集中提供整体性引导，帮助高职学生逐步化解心理焦虑，建立自信心。针对个别性心理问题，职业教育者需要采取一对一的疏导方法，为高职学生提供排泄压力的出口，提升高职学生心理压力调节能力，使高职学生形成健康的心理状态。针对人际交往方面的压力，职业教育者应帮助高职学生明确人际交往的基本原则，一方面，引导高职学生以正确视角看待人际交往，能够尊重他人、友善交往，建立良好的人际关系；另一方面，帮助高职学生分析各类人际关系的特点，使高职学生能够灵活处理不同的人际关系，提高自身社会交往能力。

其次，立德树人育人目标下心理疏导与专业课程相融合。有心理问题的高职学生逐年增加，所以这需要职业教育者主动参与到高职学生的成长过程中，尤其是在立德树人根本育人目标的指引下，同专业教育者一起着重关注高职学生的个体成长问题，关注高职学生的心理健康，观察高职学生的心理状况，开发高职学生的心理潜能，从而使高职学生的心理健康教育稳步向前发展，提升高职学生各方面的能力，最终达成素质教育效果。除了依据立德树人育人理念之外，心理疏导也为实施心理健康教育提供了支持。积极心理学理论注重对人的心理方面积极因素的研究，强调将环境学、教育学等理论应用到心理学领域，指出从情绪体验、人格特质与环境三个方面出发建立积极的心理疏导氛围，以此促使教育对象健康心理的养成。高职学生进入校园后，往往对其校园生活和未来学业充满希望，但是他们遇到各类挫折和阻挠时，来自理性与现实的差距可能会让其产生逃避、抗拒和挫败感，进而演变成自卑心理，如果教育者不对高职学生的自卑心理加以疏导，可能会造成更严重的心理危机。针对这种问题，教育者可以结合学生专业书籍中的内容，运用典型事例与模范人物对高职学生进行心理疏导，这样更有说服力。例如，生物教育者在“遗传与进化”模块中，可以结合“杂交水稻之父”袁隆平的事迹展开心理指导，为高职学生普及袁隆平的科学研究历程，带领高职学生感受袁隆平培育杂交水稻的不屈意志，以此实现心理教育效果。专业教育者主动了解和学习心理辅导知识和技能，以利于专业与心理教育的有机融合，为立德树人提供助力。

第四节　完善高职院校学生职业教育载体

高职院校学生职业教育认知的载体，能够承载和传递职业教育的内容或信息，能为职业教育者所运用，促使职业教育主客体之间相互作用。载体是高职学生职业教育认知的重要活动形式和物质实体。高职学生职业教育的认知结构属于意识层面，需要通过语言、情绪和行为表现出来，又需要一种借助于物质的形式表达。高职院校学生职业教育认知的载体创新是时代的要求：科技环境发生了巨大的变化，“科技是第一生产力、人才是第一资源、创新是第一动力”，基于此职业教育认知的载体由传统的形式向创新转向。

一 创新职业教育课堂教学模式

创新职业教育课堂教学模式具体包括社会实践教学模式、虚拟仿真教学模式、混合式教学模式、融合传统文化的教学模式，以上四种教学模式是基于马克思主义认识论，基于中国古代“知行合一”的思想和理念，基于具身认知理论，是体现伟大思想对实践性的要求与继承，同时融合传统文化的专业教学模式。

大学阶段是学生世界观、人生观和价值观的形成阶段，但现阶段部分高职学生存在学习倦怠与职业迷茫等情绪，对于社会发展也缺乏理性认知。高职院校需要通过职业教育课程引导高职学生“三观”积极健康发展，为中国特色社会主义事业培养优秀的、德才兼备的建设者。当前部分高职院校职业教育课程存在教学方式单一的问题，部分高职学生对职业教育课程学习兴趣不高，因此有必要推动高职院校专业多元教学模式的发展。教育者可根据教学内容、学生学情以及社会发展现状等选择相应的教学模式，促进学生思想进步与能力发展。创新课堂教学的前提是课堂教学活动的返璞归真，然后才是创新。教育应该回归本来的育人目的，尊重生命，遵循学生的成长规律和认知形成规律；教育不是追求形式，目标和内容及其逻辑的意义远远大于形式。创新课堂教学适应新时代发展要求，是对职业教育教学的优化。

（一）社会实践教学模式

学习经典专业理论依旧是必要的，也是重要的。社会在不断进步，会涌现出各种各样的新问题，理论也需要与时俱进。中国特色社会主义理论，是根据社会发展不断更新的。对于社会发展中出现的新情况、新问题，或许运用经典理论无法进行完美解释，这就要求高职学生拓展思维，对经典专业理论进行完善，解决现实问题。当代高职院校学生在课堂上学习专业理论，但对社会调研不够重视。在某些有一定争议性的内容学习中，不妨鼓励学生多参与社会实践活动，在实践中生成对理论的理解与再认识，进而完善理论认知。然而想要深入了解社会问题，则要进一步提高社会调研能力。如基层机构运作机制、基础服务工作开展特点以及民众思维行为模式特点等，学生通过认真细致的社会调查研究与了解之后，对社会基层问题不再局限于理论分析，而是有足够充分的调研材料作为支撑，因此会更有说服力。高职院校专业教学应大力推广社会实践教学模式，鼓励学生走向社会，走到群众中去，倾听群众的声音，唯有如此，所学的专业理论才能够真正转化为具体认知与能力。实践教学模式的价值在于引导高职学生真正走进社会，认真思考现实问题，并将所学的理论知识应用于实践，促进其实践探索能力的发展。

（二）虚拟仿真教学模式

虚拟仿真技术融入职业教育理论课教学，作为教学模式。虚拟仿真技术是“采用以计算机技术为核心的现代高科技生成逼真的视、听、触等一体化的虚拟环境，用户借助必要的设备以自然的方式与虚拟世界中的物体进行交互，是一种人与虚拟环境进行自然交互的人机界面。它由计算机硬件、计算机软件和传感设备等组成。这种技术的特点在于计算机产生一种人为虚拟的环境，人可以直接观察操作、触摸、检测周围环境及事物的内在变化，并能与之发生交互作用，给人一种身临其境的感觉”①。虚拟仿真技术有助于职业教育教学实践面临困境的解决。学生的认知结构主要通过将知识结构和经验结构经过信息加工而成，职业教育理论课主要是对学生知识结构的建构，但是在经验结构部分存在瓶颈。虚拟仿真技术可以给学生带来完全沉浸式和交互式的体验，在虚拟环境中，可以打破时空的界限，体验复杂环境的变换，给学生近乎真实的感觉，充分地刺激视觉、听觉、触觉、联觉等，让学生积极主动地进行理论知识和经验的建构。虚拟仿真技术是职业教育理论课实践教学范畴，是教学的辅助载体。虚拟仿真技术减少了职业教育实践活动的经费产生，从院校层面上来说解决了经费问题。职业教育课程的理论和社会实践设计离不开马克思主义、计算机、大数据、

① 陈光海、汪应、杨雪平编著《信息化教学理论、方法与途径》，重庆大学出版社，2018，第27页。

心理等方面的专家，教学内容是最重要的，离不开团队协作配合，甚至这一虚拟仿真课程软件的研发需要全校乃至全国的协同，实现资源共享。

当然并不是所有政治理论课教学内容都适合以仿真的形态来表现，那些组织困难、场景危险、意义重要、重现历史、预测未来的认知内容，往往适合用虚拟仿真来表现。职业教育理论课需要把职业教育的点融入虚拟仿真系统，隐性地实现教学目标；让学生在声音、动态图像、文字等共同刺激下建立认知结构、生成意义，提升解决实际问题的能力；润物无声般地将社会主义核心价值观在学生的大脑中生成，提高学生的思想水平、政治觉悟和职业道德水平。虚拟仿真与职业教育课程的融合是对认知规律的遵循，有利于高职学生通过全身参与，感受场景的震撼，感受历史的厚重，感受理论的力量，打破时空地去理解历史的事件经过，与历史人物对话，形成独立的思考和判断；有利于高职学生认知结构的建构，追寻有意义的人生。

（三）混合式教学模式

得益于信息技术的迅速发展，中国移动互联网覆盖率非常高，高职院校基本上都被纳入互联网信息服务系统，实现了智能教学设备与智能手机终端的高度普及，为线上教育提供了客观条件。混合式教学是指线下教学与线上教学混合的新模式，兼具线上线下两种教学方式的优势。职业教育课程教学实践中，混合式教学模式有相对成熟的应用经验，且师生对于混合式教学模式已持肯定态度。混合式教学模式在高职院校专业理论课教学中的应用，是信息时代对教学模式变革的一种积极尝试，它突破了传统线下教学的时空局限，让专业理论课教学在时空上得到延展。传统专业理论课侧重于在课堂上开展理论学习，高职学生由于缺乏具体体验，学习效果难以保证。通过线上线下相结合的方式，教育者可以展示更为丰富的素材，让职业教育理论课教学品质得到显著提升。如讲授中国革命发展历史，在课堂上讲述理论的同时，还可通过信息技术手段展示当年革命部队艰苦长征，以及在陕北地区自力更生的历史文献与历史图文视频资料，引导学生真正意识到革命精神的产生与传承是何等艰难。将线上线下教学方式相结合，专业理论课教学内容会更加丰富具体，高职学生对于职业教育理论课堂中教学观点的理解会更深刻。

混合式教学模式还可以促进优质教育教学资源共享。每一位学者研究职业教育理论的角度不尽相同，因此职业教育理论课内容视角也呈现差异化特征。通过混合式教学模式，高职学生既可以观看职业教育理论课专家的在线公开课，也可以在直播听课时积极参与互动。在职业教育理论课实践中，高职院校的学生不仅可以聆听本校教授的观点，也可以通过线上的方式去了解其他高职院校专家的不同观点，使思维得以发散，视野得以拓展，充分领略到职业教育理论课的魅力。职业教育理论课混合式教学模式的现实支点依赖于信息技术，如大数据技术、新媒体矩阵以及“互联网+”等。大数据技术让人文理论课教学更加智能化，通过教与学的海量信息数据反馈，可整体分析、判断学生学习兴趣点，有效推动教学改进；新媒体矩阵让教学内容的呈现方式更加多元化，通过更丰富的新媒体渠道展示不同的教学视角；“互联网+”则是利用互联网思维推动教学发展，让互联网真正融入教育教学改革中。混合式教学的主要模式包括翻转课堂、对分课堂、创客教学、微格教学以及问题驱动教学等。

（四）融合传统文化的教学模式

充分发挥职业教育效能、增强学生文化自信，必须创新教育方式方法，根据学生认知发展规律与个性特征，采取有针对性的教育策略，引导学生自主探索文化知识的形成过程，认识中华文化存续发展的内在机制，产生高度的文化认同感与自豪感。为此，学校可依托网络信息技术，将互联网平台作为职业教育阵地，以新颖活泼的方式培育学生的文化自信。一是结合学生身心发展特点，收集不同类型与形式的文化资源，打造思想性、政治性与文化性相统一的网络学习平台，让学生自主学习文化知识，提升文化认知。二是借助新媒体平台，组织策划文化专题线上活动，吸引学生参与，营造浓厚的文化学习氛围，以开拓学生文化视野。三是针对网络热点事件，及时发声，引导学生认识中华文化、感受文化魅力、坚定文化自信。

二　人文主题网络平台建设

人文主题网络平台建设具体包括：厚植学生爱党爱国爱社会主义的情感；符合学生认知特点和认知规律；与心理疏导相结合；协同育人。人文主题网络平台建设突出主体，符合认知规律和心理规律，有利于实现协同育人。人文主题网络平台建设是高职院校学生职业教育认知动态与静态的结合；是高职院校学生职业教育认知活动网络虚拟场域的运用；符合高职院校学生职业教育认知的特点，对其客体的认知结构、认知能力、自主性均有积极的促进作用。

信息技术对人类的发展产生了巨大的影响，而高职院校学生是信息化程度最高的群体之一。人文主题网络平台建设，对于职业教育工作具有提质增效的作用，尤其是利用校园网、微信公众平台等给学生一个表达观点、交流思想的机会。职业教育主题网络平台的建设是隐性地、润物无声地影响学生，刚柔相推，崇德广业。

（一）人文主题网络平台建设厚植学生爱党爱国爱社会主义的情感

高职学生在其成长过程中，因为有各个时期的教育者做其思想工作，所以对于高职学生的职业教育工作不能完全采用灌输的方式，会导致高职院校的学生产生不配合心理，可以采取隐性的、柔性的职业教育。这就需要促使优秀的网络文学、短视频做好价值导向、内容选取、路径转向。人文主题网络平台建设作品有利于传播与表达马克思主义理论的魅力与精髓，这种表达是各个职业教育元素的集合，人文主题网络平台建设作品是职业教育元素的展现，这些元素既各自为点地蕴含于优秀作品中，同时又能融合为隐性无形的整体和系统。正如习近平总书记所说："学习就必须求真学问，求真理、悟道理、明事理，不能满足于碎片化的信息、快餐化的知识。要通过学习知识，掌握事物发展规律，通晓天下道理，丰富学识，增长见识。"① 中华民族的伟大复兴，要靠青年的努力奋斗，人文主题网络平台是职业教育工作与时俱进的载体，要通过人文主题网络平台载体，厚植学生爱党爱国爱社会主义的情感。

（二）人文主题网络平台建设符合学生认知特点和认知规律

人文主题网络平台建设从内容到形式上都要符合高职学生活泼、明快、追求轻松的特质，要尽量避免单调，多采用具有审美品位的设计作品，内容上要能够吸引学生的注意力；人文主题网络平台建设，不仅仅要有凝练

① 习近平：《在北京大学师生座谈会上的讲话》，人民出版社，2018，第13页。

的理论，也要具有感官刺激性，就是要有图、有视频、有音乐、有艺术，有文化、有美感，职业教育不是单调的理论，例如：一幅北宋王希孟的《千里江山图》具有艺术的秩序，舞蹈诗剧“只此青绿”——舞绘《千里江山图》就是以《千里江山图》为载体的。2022 年 4 月 21 日，“只此青绿”被写入国务院新闻办公室发布的《新时代的中国青年》白皮书；千年文化，近在咫尺，美与感动沁润内心，文化自信油然而生。人文主题网络平台建设要具有及时性和准确性，让学生第一时间了解校园信息，让学生第一时间了解学校的政策、教育理念、教学改革等信息，满足学生对校园信息的需求和参与意愿，只有学生参与到学校的人文主题网络平台建设中，学生才能更好地和学校融为一体，从侧面培养了他们的责任感，另外学校的管理层也能快速、动态地掌握学生情况，更有利于校园管理。

（三）人文主题网络平台建设与心理疏导相结合

在高职院校中，有的学生内向、焦虑、怯懦，有的同学不能自主、自律、独立思考，所以内心矛盾煎熬，还不知所以然；有的学生盲目地奉行自由观念，不愿意被拘束和管理，缺乏社会责任感，价值观和人生观产生了认知偏差。人文主题网络平台建设与心理疏导相结合是通过网络空间帮助学生内心和谐的手段与方式。校园心理环境是学生个性形成、职业道德形成的影响因素之一，将道德风气、榜样的力量、管理方式、人际关系等方面的内容宣传好，会在一定程度上对学生职业道德的生成起到感染作用。应当借助于心理工作者的咨询工作，帮助学生认识到自身的优点与不足，对不足之处进行弥补。通过心理疏导来缓解压力、应对挫折、化解焦虑、提升认知水平。心理学观点明确指出环境对个体心理具有显著的影响力，个人的优良品质离不开良好的环境，职业教育者要建设好校园网络环境，运用各类心理教育资源优化校园网络环境。在整个网络平台内促使形成和谐交流、合作共赢、努力拼搏、求知探索等文化氛围，并用这种氛围感染学生，形成潜移默化、润物无声的心理教育效果。人文主题网络平台建设与心理疏导相结合，有助于职业教育工作打破时空界限，丰富教育方法，提质增效；同时心理疏导工作以职业教育工作的理念为指导，保证了方向性。

（四）人文主题网络平台建设需协同育人

高职院校职业教育工作的出发点和落脚点都是育人，最终是为了把马克思主义理论知识和经验及方法论通过不同的载体传递给学生，并在学生的大脑中建立和优化应有的认知结构，潜移默化地帮助学生生成正确的价值观、人生观和世界观。在信息化时代，对信息的甄别与筛选，对网络舆情的研究与判断，需要大量的人力、物力与资源的调配，这都不是凭借一己之力能够完成的，这需要整个学校协同配合，甚至还需要线上和线下、校内和校外的协同。人文主题网络平台建设要发挥资源的最大价值，就需要有科学的管理体系，有效的运行过程，健全的对舆情的监督与研判体系以及综合评估体系。

三　开展人文主题体验活动

开展心理主题体验活动是对高职学生信息接收方式改变的适应与调试，接收信息方式的改变为实际场域的刺激，是通过身体力行的活动，促进学生对认知内容的理解，把理论知识与实践融为一体，将认知结构中的知识结构和经验结构融为一体来理解和建构知识。通过体验活动的安排，实现了知行合一，令人记忆深刻。

（一）红色人文教育载体

2022 年 10 月 26~28 日，习近平总书记来到陕西延安、河南安阳两地考察，这是党的二十大后他首次在国内进行考察。在这次考察中，习近平总书记高扬精神之旗，强调要“发扬延安精神和红旗渠精神”，指出这两种精神“是一脉相承的，是中华民族不可磨灭的历史记忆，永远震撼人心”。[①] 红色教育载体是红色资源的承载，红色资源凝结了中华民族浴血奋战的伟大精神力量，是党的初心和使命。红色教育载体包括革命遗物、遗迹、承载革命理论与精神的物质载体；可采取如红色网站、红色宣传活动、红色竞赛活动等创新方式；革命遗址、革命纪念馆、红色教育基地等，承载革

① 《习近平：红旗渠精神同延安精神一脉相承，永远震撼人心》，光明网，https://politics.gmw.cn/2022-11/02/content_36133521.htm。

命理论与精神的物质载体形式。在与时俱进的创新形式方面，学校可以开展竞赛活动：讲红色故事、展红色美术作品、红色艺术创作、红歌大赛等。以上的方式均可以在认知、情感方面教育学生，通过身体力行的参与，让震撼人心、充满力量的红色物质载体与红色文艺活动深深地流进学生的心田，促使学生体验民族精神，深化其思想认识，最终实现内化于心，外化于行。

（二）特色文体活动载体

学校应充分利用特色文体活动载体把社会主义核心价值观、中华优秀传统文化、树立理想信念、职业道德践行方面的内容与职业教育元素紧密结合，同时营造一种轻松愉悦的职业教育氛围。在特色文体活动中隐性融入具有职业教育元素的文化活动、时事辩论、心理类演讲、艺术活动等。通过特色文体活动的开展对优秀的学生予以表彰和肯定，高职学生在成长过程中得到的肯定太少，有很多学生很聪慧，但是其不知道自己拥有别人没有的人格特质资源，对自己的认知远远低于其实际能力，缺乏勇气。每个人心中都希望自己更优秀，但是家庭不可选择，个性已经形成，高职教育是他们人生中的系统教育，接受高职教育的时期也是他们对认知和人格特质进行修正和优化的关键时期。特色文体活动发挥着巨大作用，通过活动的参与，学生获得肯定的精神奖励意义非凡。

（三）绿色消费教育的活动

为实现“双碳”目标，我国必须走绿色低碳发展道路，这就要求我国全体社会成员必须积极行动起来，全面践行绿色生活方式，以绿色消费驱动我国经济社会绿色转型。高职学生是我国经济社会绿色发展的重要后备力量，其绿色消费心理和理念将直接影响我国绿色经济建设成效。高职学生具有认知行为的目的性更加突出的特点，有的学生将满足更多的物欲作为人生目标和动力。在学校教育实践中，应当开展绿色消费经典阅读、绿色消费知识竞赛、绿色消费话剧创作与演出、绿色生活技能比拼，进行社会绿色消费知识的普及和绿色消费行为的宣传，以实践性活动为载体，帮助学生深刻认识绿色消费的重要意义，促使高职学生真正从课堂中获得绿色消费知识，树立绿色消费理念，在生活中真正践行绿色消费行为。通过这些活动，高职学生能更深刻地修正自己的消费观念和价值观念，从而认清消费主义的本质，不沉浸在物欲和享乐中，把注意力资源用于真正有意义的认知探索方面。

（四）征集短视频活动

中国互联网络信息中心发布了第 50 次《中国互联网络发展状况统计报告》，其中指出："截至 2022 年 6 月，我国网民规模为 10.51 亿，互联网普及率达 74.4%。其中短视频用户规模为 9.62 亿，较 2021 年 12 月增长 2805 万，占网民整体的 91.5%。"① 短视频得以快速传播，有其简短快捷、信息海量、个性化推送的特点支持，但是也具有语言逻辑弱化、个性化推送易导致"信息茧房"、追求泛娱乐化的不良特点。视觉争夺，不仅仅在社会上出现，在高职校园中也不可避免。职业教育工作在新的信息环境下面临着新的挑战，也必须与时俱进、顺势而为、进行创新，提质增效。高职院校是职业教育工作的重要场域，需要职业教育者充分利用视频、音频、图片，打造优质短视频，鼓励教育者和学生积极参与，顺应认知形式改变的趋势，提升职业教育吸引力。通过征集短视频活动，设定主题，如我和我的祖国、自我奋斗故事、亲情、友情、理想信念等，通过点点滴滴的校园生活、学习的视频记录，实现脚本秩序的建立和意义的追寻。随着手机在学生中 100%的普及，每位高职学生都可以作为媒体人，进行内容选取、视频剪辑。有的同学还成了短视频校园网红，学生的积极性被调动，有利于弘扬爱人、爱家、爱社会、爱党、爱国的精神。

（五）职业教育研学载体

梅洛-庞蒂在《知觉现象学》中提出了身体的空间性和运动机能，身体通过语言来表达某种意义，美感的表达、艺术的表达、思想的表达，都是身体的投射和传递。思维的产生也依赖于"身体"，是建构、理解、认识世界的方式。"读万卷书"主要是认知结构中学生知识结构的建构；行万里路是身体参与的过程，主要是认知结构中学生经验结构的建构。

文化是旅游的最高层次，可以说是旅游的灵魂所在，具有重要的地位。

① 《第 50 次〈中国互联网络发展状况统计报告〉发布》，《光明日报》2022 年 9 月 1 日。

可以通过职业教育研学旅游对学生进行理想信念教育和红色精神传承教育。学校可以通过研学的开展，寓教于行，促使学生身体力行去感受，从而获得真实的体验与震撼。学生的情感被激发，心灵被洗礼，他们认为英雄们应该永远被怀念，他们的精神应永续传承。雄关漫道、众志成城、坚韧不屈、行则将至、包容一切……一种智慧且理性的民族文化，蕴含了勇气、力量、包容。当学生的身心与文化资源合一的时候，是心境最辽阔的时刻。职业教育研学旅游可以促进师生之间的关系，学生与学生之间的关系，教育者、学生及社会各个层级的行政和企业管理者之间的关系。人际关系和谐有利于提高学生的责任感，促进其积极心态的养成。

四　开展人文主题团队训练

团队训练，通常是为了完成特定的目的，而组织学生为一个团队，通过训练、体验、合作等方式解决问题，培养学生独立思考、独立自主、自律、沟通、合作、竞争、处理矛盾冲突和解决问题的能力，有利于学生团队合作精神的形成和价值观的树立。学生的认知是社会建构的过程，也就意味着认知离不开团体，如心理社团、职业教育素质拓展、技能培训、艺术赏析、经典阅读社团等。也可以以特定的目标为团队，如理想、信念、沟通、人际关系等，开展团队训练，通过目标的设定，可以激发学生的心理紧张，从而促进其内在动机的生成，明确目标，并促进目标的实现。在团队训练过程中，同学们可以相互促进、相互激励、相互帮助，在群体合作中满足了学生马斯洛需求层次论中归属需求的实现，熔炼了团队，培养了集体主义精神，从而使学生能够更好地融入社会。团队训练丰富了职业教育的内容，可以增进学生对职业教育的认同，发现学生自身在团队合作中所暴露出来的深层次问题，从而有利于学生个性的完善，具有长远的意义。

第五节　优化高职院校学生职业教育环境

一　构建学生和谐的内部环境

构建学生和谐的内部环境：学生要自我构建和谐的内部环境，要知道自己、了解自己、接纳自己；在学生自我认知的基础上，高职院校学生职业教育认知予人以“温暖”“尊重”“信心”“希望”“勇气”“和谐”，这六种内心和谐的情绪、情感和内在体验，不是认知结构的成分，但是对于认知的驱动和调节具有积极作用，可以促进高职学生认知任务的顺利完成。

（一）学生自己构建和谐的内部环境

“自我认知是对自己的洞察和理解，包括自我观察和自我评价。”“自我观察是指对自己的感知、思维和意向等方面的觉察；自我评价是指对自己的想法、期望、行为及人格特征的判断与评估，这是自我调节的重要条件。”① 高职院校学生职业教育认知在内容上是包含自我认知的。

正确的自我认知是高职学生职业教育认知走向成熟的标志。在这个世界上，没有绝对的完美，任何一个人在某一个方面都有自己的优点与不足。有的优点与不足，在不同的时空境遇中，还会随着环境相互转化；而有的不足则是自我限制，使人裹足不前。因此，当一个人有自我认知偏差的时候，会影响主体的认知开拓性。

首先，认知自己，是知道我是谁的过程，然后才会有我将到哪里去、怎么去的问题。实际上这些问题，高职学生应该在更早的时候，如 12~18 岁时就确定好。一个人在 18 岁之前应通过被良好地照顾获得安全感；通过战胜羞怯、疑虑获得自主感；通过主动探索、尝试、思考获得主动感；通过勤奋战胜自卑获取自我力量；最终获得了独立性，内心具有整体性，能够感受到自己的过去和未来是连续一致的，目标是可以实现的。也就意味着，知道自己是谁，知道自己要做什么，对未来有规划，知道怎么实现目标。多数高职学生没有生成目标，没有规划也就没有对自己的承诺，所以表现出来的是低水平亲密和自尊，低水平或者投注方向错误的自我发展。从这个层面上，也就能够分析出高职学生为什么会表现出差异化。

其次，教育者引导高职学生的自我认知，学生自己构建和谐的内部环境。高职院校教育者近年来承受着巨大的压力，要逐个了解学生情况。一个人不能选择自己的家庭，但是能够通过后天的引导，缺什么补什么，变不利为成就自己的优势，这个引导者就是高职院校的教育者。在这个方面，

① 付铭举、周洙含、王蔚：《大学生职业教育工作研究》，辽宁人民出版社，2020，第 28 页。

需要高职院校学生职业教育认知活动的协同工作，需要心理方面的教育者，分析学生的人格特质优点与不足及成因，弥补成长过程中的缺失，对情感的淤堵之处进行疏导；通过横向和纵向的比较，让学生对自己有一个清醒的认知。学生在自我认知方面不再迷茫，在情感方面通畅了，就会积极地规划自己的未来，与外界进行交流，同时也能够全面、客观地评价自己，更好地融入集体。教育者通过引导帮助学生进行自我认知，从内心尊重学生，相信他们在正确的引导下，个体能够具有自信心、判断力、积极性、主动性，从生理上和心理上接纳自我。同时也能够扮演好自己在社会上的角色，能够自律、负责任、与他人和谐相处，实现自我。这样更有利于高职院校职业教育认知活动的开展与取得成效。

（二）教育者帮助构建学生和谐的内部环境

第一，高职院校职业教育予人以“温暖”。职业教育的目的是育人，而人最需要的就是温暖。1959 年，美国心理学家哈洛及其同事进行了恒河猴实验，并且得出结论：有安全感才能有自信、坚强、友善、乐于探索、解决问题，获得安全感的核心是温暖。在职业教育中，体现在能够有温度地表达自己的情感，也能够有温度地理解学生的情感。温暖体现在教育者的动作和表情，体现在教育者的亲和力，体现在能够理解学生的情感。从情感温暖的角度来看，职业教育课程中，教育者一定要关注这些课堂上低头的学生，是什么原因使得他们在课堂上低头，教育者要对其进行鼓励，了解情况，积极引导，绝对不能如凛冽寒风般地对待学生，而要让其觉得如沐春风，学生会觉得被理解、被支持，从而更信任教育者。从教学内容温暖的角度来看，多讲一些温暖的瞬间、温暖的情境，通过对历史事件的回放，来涤荡学生的内心；通过“温暖”的教育直击学生最柔软的一面。

第二，高职院校职业教育予人以“尊重”。学生由于在基础教育阶段，是以应试为目标的，成绩是评价学生最主要的标准，高职学生在基础教育阶段很难通过成绩在群体中得到老师和同学的认可，在这个方面处于欠缺状态。在高等教育阶段，学生能够从一个表扬、一个认可中得到极大的满足，寻求积极关注是他们的内在需求。人本主义心理学家马斯洛把人的需要分为五个层次：第一个层次是生理需要，第二个层次是安全需要，第三个层次是归属需要，第四个层次是尊重需要，第五个层次是自我实现需要。

其中尊重需要在第四个层次，是人的高层次需要，不被尊重也会让人产生愤怒的情绪。尊重人具体体现在：对个人价值的尊重，对个人人格的尊重，对个人能力差异的尊重，对个人理想的尊重。教育者对学生的尊重，换来的是学生心理上的安全感，学生会更积极、更主动、更愉快地探索，最大限度地发挥想象力和创造力。教育者也需要引导学生：尊重自己、尊重同辈、尊重知识、尊重自然与社会，塑造心灵，陶冶情操，升华精神，从而有针对性地提高职业教育工作的实效。

第三，高职院校职业教育予人以“信心”。予人以“信心”就是引导学生喜欢自己、相信自己、超越自己，对自身力量进行准确衡量。一个人如果自卑，不相信自己，当机会来临的时候，就会畏葸不前，从而错失机会；一个人对自己充满信心，机会来临的时候，就能抓住机会，从而在前进的道路上朝着目标积极进取。教育者要鼓励学生积极主动地参与、探索、思考、想象、创新、实践，促进人的全面发展。自信心的培养是在一个个小目标实现的基础上逐步形成的，逐步提升自我认同感和自我的能力。高职学生也只有在相信自己的情况下，才能够在国家政治层面上相信并践行道路自信、理论自信、制度自信、文化自信。

第四，高职院校职业教育予人以“希望”。1991 年，查尔斯·斯奈德（Charles Snyder）和他的同事提出具有认知取向的希望理论。“一种积极的动机性状态，这种状态是以达成目标的路径（指向目标的计划、方法）和动力（指向目标的动机和信念）交互作用为基础的。”[①]“高心理健康水平的大学生能够产生更多的希望感，随着希望感的提升，大学生采取积极应对方式的能力也不断提高。”[②]而消极的个体，往往在目标达成的过程中产生会失败的认知。教育者要积极引导学生对目标怀有希望，调整路径思维和动力思维，情感也随之改变，从而为实现目标而进入良性循环状态。

第五，高职院校职业教育予人以“勇气”。儒家认为勇气是个人核心的心理品质，孔子提倡：“知者不惑，仁者不忧，勇者不惧”的仁者之勇；孟子提倡：“富贵不能淫，贫贱不能移，威武不能屈”的志气之勇。勇气是指

① 盖笑松主编《当代心理科学理论精华》，东北师范大学出版社，2017，第 364 页。

② 李永慧：《大学生应对方式与心理健康水平的关系：希望感的中介作用》，《中国临床心理学杂志》2021 年第 6 期。

遇到困难时所表现在实际行动中的坚持积极进取的精神力量，勇气的力量来自自信。在革命年代有多少志士仁人为了中华民族的复兴而“舍生取义”“杀身成仁”，这种道德践行对培养高职学生的浩然正气发挥着巨大的作用。实际上，勇气水平较高的大学生，为人处世积极进取、有为担当，容易获得较好的学业成绩和融洽的人际关系，形成正向的自我评价，进而主观幸福感水平也较高。只有学生有勇气，才能勇往直前地奔向目标，教育者要引导学生把美好的目标视觉化、形象化，用“勇气、自强、自信”的想法代替“无助、畏葸、有限”，直至达成目标，取得成功。学校层面可以开展拓展训练，来提升学生的勇气。高职学生勇气的培养对传承中国文化、践行社会主义核心价值观、实现中国式现代化具有重要意义。

第六，高职院校职业教育予人以“和谐”。“自我和谐指的是自我内部的协调一致以及自我与经验之间的协调。”[①] 如爱因斯坦所说：“学校应该永远以此为目标：学生离开学校时是一个和谐的人，而不是一个专家。”自我和谐的前提是自我认知、自我了解。前面所述的温暖和尊重是个体情感的核心，被教育者温暖和支持，被朋辈温暖和支持，被社会温暖和支持，是学生情感和谐顺畅的基础；当学生有信心、有希望、有勇气朝着目标前进，学生可以体会协调一致的心理状态；当“理想的我”和“现实的我”不一致时，要能够积极地协调，把不顺转为顺利，调节自我认知与行为，使自我认知、他人评价和实际行为三者之间是协调一致的。教育者要引导学生结合过去、充实现在、怀揣未来。通过团体活动，认识自我、接纳自我、发展自我、和谐自我，讲授构建自我和谐的知识和方法；让学生体会自己是独立的、整体的、连续的、协调的、一致的，状态生机勃勃，从而自信、自主、主动、勤奋、勇敢地拥抱未来。

二　优化校园的网络认知环境

优化校园的网络认知环境包括国家引导行业发展、加强网络舆情管理、引导学生合理需求。优化校园的网络认知环境针对学生的注意力管理和认知行为目的性更加突出的特点，主要是为了规避互联网络的消极作用，为发挥网络的积极作用做准备。

① 盖笑松主编《当代心理科学理论精华》，东北师范大学出版社，2017，第364页。

我国面临着严峻复杂的国际形势和接踵而至的巨大风险挑战，职业教育网络载体将成为不可忽视的阵地，“面对国际局势急剧变化，特别是面对外部讹诈、遏制、封锁、极限施压，我们坚持国家利益为重、国内政治优先，保持战略定力，发扬斗争精神，展示不畏强权的坚定意志，在斗争中维护国家尊严和核心利益，牢牢掌握了我国发展和安全主动权”①。高职院校学生职业教育认知的载体创新是高职院校刻不容缓的任务，应按照习近平总书记提出的“办好网络教育”的要求，加快推进。

（一）国家引导行业发展，为职业教育认知提供高质高效的网络环境

2021 年 10 月 26 日至 28 日，在北京国家会议中心举办的第十一届中国数字出版博览会发布了《2020-2021 中国数字出版产业年度报告》，2021 年全年产业整体收入达 11781.67 亿元，比上年增加 19.23%。从我国数字出版 20 多年的发展历程来看，经历了艰难探索、快速发展、提质增效三个阶段。国家引导行业发展，为职业教育工作提供良好的网络环境，从而更有利于依赖手机获取信息的高职学生群体，保障其获取信息途径正确、内容准确、价值导向积极向上。

（二）加强网络舆情管理，为职业教育提供和谐的网络环境

在网络上有发布各种信息的平台，网民通过发帖来表达自己的意见、态度和看法。网络舆论代表全体网民的意见，当然也包含高职学生群体。网络舆论涉及面广泛，不仅是参与群体广泛，涉及评论的内容也广泛；网络舆论形成迅速，有时难以控制；网络舆论表现了更多人的主观情绪，而正确的评价应该是理性和客观的；网络舆论具有监督作用，能够促进社会在管理方面公正、公开、公平。中华人民共和国第十二届全国人民代表大会常务委员会通过的《中华人民共和国网络安全法》要求加强网络舆情管理。本着习近平总书记提出的：“尊重网络主权、维护和平安全、促进开放合作、构建良好秩序”② 的理念，2022 年 11 月 7 日，国务院新闻办公室发

① 习近平：《高举中国特色社会主义伟大旗帜　为全面建设社会主义现代化国家而团结奋斗——在中国共产党第二十次全国代表大会上的报告》，人民出版社，2022，第 4 页。

② 《习近平关于网络强国论述摘编》，中央文献出版社，2021，第 44 页。

布《携手构建网络空间命运共同体》白皮书。高职学生群体在网络舆论面前容易冲动和被影响；高职院校网络在道德方面的规范性还有待提升，在虚拟性的背景下，有些学生的自我控制变弱，责任弱化。但是任何事情都具有双面性，网络舆论以其文字、图片、视频、声音来刺激学生的感觉器官，符合学生的认知特点，具有即时性，也给广大学生提供了自由表达观点的网络场域。但是高职院校进行网络舆情管理，为职业教育认知提供和谐的网络环境是必需的，网络舆情管理不仅是高职院校的重要工作内容，而且是国家网络安全建设的重要内容。

（三）引导学生合理需求，为职业教育提供绿色消费的网络环境

高职学生缺乏理论思维，容易受到互联网上的消费主义价值理念的影响，做出非理性行为，首先，高职学生还存在盲目消费、冲动性消费、过度消费、提前消费、虚荣消费、符号消费、奢侈消费等错误消费观念和行为；其次，高职学生在实际消费行为中绿色消费占比较低，节约意识不强，部分同学还存在较为严重的浪费粮食、纸张等错误行为，这显然与勤俭节约、绿色消费的美德极为不符；最后，高职学生的绿色生态责任意识淡薄，不少学生并未深刻认识到自己在绿色发展以及国家生态文明建设中应承担的责任，缺乏自觉、主动履行生态责任的意识。

在目前的技术条件下，大数据已经完全可以做到“比你更了解你自己”。在不用思考和筛选的情况下，喜欢的东西就会毫不费力地出现在用户的面前。[①] 学生很容易沉浸在网络媒体根据大数据算法为自己量身定制的橱窗，从而被一些庸俗的消费主义、享乐主义、物质至上的个人主义所洗脑。学生的精力本应该放在提升自我价值的奋斗中，而不应沉浸在无尽的物质欲望中。

有的高职学生判断力弱，所以容易把自身的能量投注到与自身能力提升无关的领域中。然而真正能够使人处于秩序之中并积极向上的消费是丰富精神世界的消费，如文学、音乐、美术、建筑等，因为任何美的事物背后都蕴含着秩序的逻辑，反之不美的事物背后蕴含着混乱或无序。我国社会主要矛盾已经转化为人民日益增长的美好生活需要和不平衡不充分的发

① 布超：《全媒体时代消费主义对大学生思想的侵蚀与应对》，《教育探索》2022 年第 5 期。

展之间的矛盾。我国社会主要矛盾的转化，反映了我国生产力的提高，人民生活水平显著提高，追求美好生活是以理性消费为前提的。在这样的情况下更需要引导学生的合理需求，引导其向更高层次发展，化解西方消费主义的负面影响，提倡中华民族传统文化中勤俭节约的美德，这也是文化自信的应有之义。

高职院校要充分利用校园网络环境积极引领学生在丰富精神世界方面多进行投入，把提高道德素质作为人生的价值追求，减少物质目标追求，把注意力调整到认知方面，因此应当在绿色消费文化方面培养高职学生的消费观，消费观是价值观的一种延伸，需引导学生进行适度、理性、生态、健康消费，这也有利于物质文明和精神文明协调发展。学校是学生主要的生活场域，对其消费价值观的形成和塑造具有重要影响，因此高职院校应当利用校园网络环境，培育学生勤俭节约、绿色消费的观念和行为，应加强绿色消费校园氛围营造和文化建设。校园网络环境氛围和文化是影响学生心理和行为的重要外部因素，为推动学生形成勤俭节约、绿色消费的行为，高职院校可以从网络氛围和文化着手。如利用网络宣传，建设垃圾分类回收点，建立快递纸质包装回收制度，使用绿色环保建筑材料，等等，以此来营造校内勤俭节约、绿色消费的氛围。在校园网络上，可以通过上传关于勤俭节约、绿色消费达人视频大赛等网络活动来发展校内的绿色消费文化。

主流媒体具有绿色消费的宣传与引领作用，自媒体需要进行规范，防范网络信息传播过程中过度消费化和娱乐化的倾向。这有利于为职业教育认知提供绿色消费的网络环境。

三　建设校园的文化认知环境

建设校园的文化认知环境主要包括校园文化的理念表达与传承、校园文化的视觉表达与传承、校园文化的行为表达与传承。应针对高职学生信息接收方式的改变和文化是高层次认知的观点，来构建校园的文化认知环境。

我国面临经济转型和消费结构升级，中国式现代化正在全面推进中华民族实现伟大复兴。培养社会主义德技双馨的建设者和接班人是高职院校的根本使命。培育的本质要求是：坚持中国共产党领导，坚持中国特色社会主义，实现高质量发展，发展全过程人民民主，丰富人民的精神世界，实现全体人民共同富裕，促进人与自然和谐共生，推动构建人类命运共同体，创造人类文明新形态。文化是一种思维和生活方式，是人类创造的物质和精神产品的总和。校园文化是体现一所学校办学理念、精神和风气的一种群体性文化，是在长期的办学实践过程中积淀而成的育人条件、历史传统和校园氛围等物质因素和非物质因素的总和。如杜威所说，教育的目的在于文化的陶冶，在于人格的发展。如高职学生的人际关系、社团活动等，通过多方面的设计来实现学生的全面发展。

职业教育是具有逻辑性和系统性的，以显性理论教育为主，而校园文化是具有故事性、情感性、生活化、传承性的隐性教育，将二者融合更有利于提高职业教育工作的实效性。深挖校园文化资源与职业教育元素，应将二者融合，以利于构建科学的职业教育校园文化体系，建设校园的文化认知环境。各个高职院校都有自己的校园文化，因此校园文化是具有差异性的，建设科学的职业教育校园文化体系，必须与高职院校的校园文化融合，才能焕发生命力。大学管理者是校园文化认知环境的设计者；教育者群体是校园文化认知环境的传播者；高职学生是校园文化认知环境的主体行为的展现者。

（一）校园文化的理念表达与传承

校园文化的理念表达是以一所学校的办学理念、校训、校风定位、人才培养模式、管理模式和制度等内容为依托的。校园文化的理念具有差异性，每个学校都有自己的发展历程和目标追寻。办学理念是有自己的精神内核的，是一个学校全体智慧的结晶与践行。高职院校的领导层需要将高职院校理念的精神内核与职业教育元素相结合，挖掘职业教育的校园文化资源。如领导层为学校奉献的故事，优秀教育者的故事，优秀学生的故事，令人感动和敬佩的校园行为，邀请名家、专家入校园举办讲座，举办校园文化节，等等，由点到线，由线到面，聚面成体的系统设计与制度配套执行。在校园文化的理念传承方面，是在时间维度上历任管理者、教育者、学生通过自身的言行，潜移默化地影响着后来的传承者。校园文化理念传承的内生动力是理想信念和奋斗精神。正如习近平总书记所指出的："志之所趋，无远勿届，穷山距海，不能限也。志之所向，无坚不入，锐兵精甲，不能御也。”[①]

（二）校园文化的视觉表达与传承

校园文化的理念体系构建完成，接下来是视觉的表达、空间的记忆，视觉是对学生认知刺激的最优方式，也最符合当代高职学生的特点。在主体客体化的过程中，主体思想通过外在的物质表达出来，这需要高职院校的资金投入。职业教育元素可以和职业道德、传统文化相结合，来开创一些主题，如立德树人、不忘初心、工匠精神、奋斗精神、爱岗敬业、知行合一、明礼诚信等，并将这些主题进行视觉创作，如舞台剧、绘画艺术、雕塑艺术、建筑艺术、实用装饰艺术、历史橱窗等，也可以将校园文化的主体设置为空间景观，将人文元素与校园文化融合为一个整体景观。视觉表达虽然需要与时俱进，但是更要注意传承，校园文化理念确定之后是具有相对稳定性的，所以校园文化的视觉表达要思虑长远，意义深远。正如管仲所言：“一年之计，莫如树谷；十年之计，莫如树木；终身之计，莫如树人，一树一获者，谷也；一树十获者，木也；一树百获者，人也。”

（三）校园文化的行为表达与传承

校园文化行为习惯的养成很大程度上取决于校园规章制度的实施与遵守，校园规章制度是教育理念、管理理念的体现，是学校有序化运行的保障。具体表现在高职院校师生的行为模式、典型事迹故事、各种具体活动，尤其是教育者和管理者的言传身教，对学生的思维和行为产生潜移默化的影响。对学生的言行，校园文化沁润内心，外化于行，届届相传具有更积极的意义；校园行为文化是从物质到精神、从表层到深层、从形象到抽象的升华，是通过教育者的行为、学生的行为最终展现出来的。校园行为的表达与传承，非一朝一夕之功，而是要经过历史的积淀。

综上，建设校园的文化认知环境能够让学生潜移默化地接受中华优秀传统文化的滋养熏陶，形成正确的文化价值观，建构丰富的精神世界，不断增强对中华文化的自信心。例如，应从校园制度保障入手，规范网络空间、舆论环境，大力支持中华优秀传统文化、红色文化创新传播，实现中

① 《习近平谈治国理政》，外文出版社，2014，第413页。

华优秀传统文化创造性转化、创新性发展。教育者应发挥榜样作用，学习各类文化知识，引导学生理性看待西方文化，树立正确的文化价值观。其次，建设校园的文化认知环境体现了在职业教育活动中坚持文化自信。文化自信的生成规律与育人规律的内在生成逻辑可以通过校园文化实现耦合，通过校园文化的物质或精神层面刺激高职学生产生对文化的需求，通过满足其需求，实现文化自信和职业教育育人目标，并在情感上实现认同，在理性的选择上实现自信并承担文化传承的使命。中华优秀传统文化是中华民族生存发展的重要基础，也是伟大民族精神的内在基因。中华优秀传统文化之所以源远流长、能够保持蓬勃的生命力，关键在于每一代中华儿女始终牢记民族文化的传承使命，将优秀的中华文化发扬光大，在延续原有文化体系的基础上，与时俱进，融入时代元素，使其不断创新发展。高职学生理应自觉承担起中华优秀传统文化传承发展的使命，学会在多元文化思潮中自觉坚守正确的文化立场，切实推动中华优秀传统文化创造性转化、创新性发展。而校园文化建设能够有效调动学生的自主意识与探索精神，使学生在潜移默化中了解中华优秀传统文化的深厚内涵，形成良好的责任感与使命感。

四　开辟社会实践的环境

开辟社会实践的环境包括职业教育融入专业社会实践、职业教育融入服务社会、职业教育融入地方资源协同共建实践基地。开辟社会实践的认知环境是对知行合一理念的践行，是高职院校学生职业教育实践的方式。

“教育是国之大计、党之大计。培养什么人、怎样培养人、为谁培养人是教育的根本问题。育人的根本在于立德。全面贯彻党的教育方针，落实立德树人根本任务，培养德智体美劳全面发展的社会主义建设者和接班人。”① 开辟社会实践的环境是在对上述习近平总书记报告的深度理解基础上进行的；是在对马克思主义“人的全面发展”基本原理的理解基础上进行的；是符合认知规律的，是认知升华的过程，是具身认知理论的应用，人的认知、思维、行为的过程和结果与身体力行、躬行实践及周围的环境

① 习近平：《高举中国特色社会主义伟大旗帜　为全面建设社会主义现代化国家而团结奋斗——在中国共产党第二十次全国代表大会上的报告》，人民出版社，2022，第 34 页。

的相互关联，是身体与人的全面发展的深度关联，更是高职学生认识世界和改造世界的途径，是职业教育工作的重要环节。

（一）职业教育融入专业社会实践

习近平总书记指出："要坚持知行合一，注重在实践中学真知、悟真谛，加强磨练、增长本领。"① 应当坚持职业教育理论课与专业课相结合，注重发挥所有课程的育人功能。

高职院校在人才培养方案中一般要求实践课比例占所有课程的50%以上，这个实践有课程实践，也有专业社会实践，专业社会实践一般开设在寒暑假期或第六学期，学生在专业社会实践中一般都有辅导员或专业教育者指导陪同，但是在以往的教学中，人文课教育者参与得极少。职业教育融入专业社会实践是切实可行的。职业教育融入专业社会实践，可以实现专业资源与人文资源的整合，在人力、财力、物力上都能够实现资源的有效不重复配置。职业教育融入专业社会实践，更有利于学生掌握专业技能；职业教育融入专业社会实践，更有利于教育者了解学生，二者建立深度的情感联结。

职业教育融入专业社会实践，是体系化的教育工作，需要多方面的协同配合。制定社会实践课程方案，首先，要体现职业教育目标与专业社会实践目标相融合；其次，要体现职业教育元素与社会实践的元素相融合；要体现职业道德教育与爱国教育的情感相融合；要体现感性思维与理性思维的融合。按照职业教育元素体系寻找在这些方面的故事和案例来优化专业社会实践教学案例。再次，在丰富实践教学资源方面，积极参与资源库建设，搭建交流互动平台。最后，创新教学方法，鼓励学生学习专业操作技术，激发其发现问题、分析问题、解决问题的兴趣，评估其问题解决的程度，鼓励其在解决问题的过程中展现优秀品行。

职业教育融入专业社会实践，在专业实习基地、国防教育基地等社会实践基地进行活动，从而在家国情怀、人文素养、科学精神、实践创新等方面丰富职业教育的内容与形式，培养学生解决问题的能力，体现了知行

---

① 习近平：《在知识分子、劳动模范、青年代表座谈会上的讲话》，人民出版社，2016，第12页。

合一、学以致用的现实意义。

（二）职业教育融入服务社会

志愿活动体现了高职学生将在学校学习的理论知识迁移运用到服务社会的实践中，这也是高职院校职业教育为人民服务宗旨的体现。志愿活动的主题有很多种，如环境保护、社区服务、救援服务、乡村支教、弱势群体服务、特定活动志愿服务等，在实际的志愿服务过程中高职学生还可以根据所学的专业对志愿活动形式进行创新。

高职院校需要切实考查社会的实际需要，并根据实际需要设计相应的志愿服务内容，再根据不同专业、不同个性、不同年级学生的志愿服务内容，进行科学的志愿服务方案设计与资源匹配。为了保障志愿活动顺利有效进行，高职院校需将职业教育融入服务社会志愿活动平台，这样能够确保社会需求、学生提供服务的内容、学生的时间安排、信息发布、服务内容资源配置等信息得到及时有效的处理，同时也能对学生提供社会服务的情况进行有效的记录与评价。

高职学生通过参加志愿活动可以了解国情、完善认知结构，提升社会责任感和分析问题解决问题的能力。能够磨练其意志，满足其作为社会人的需求，也是其提升自信心、自我价值感和幸福感的重要途径。“志愿活动参与过程中大学生对自身心理品质、价值观和能力的认识，会影响大学生的自我效能感，当大学生因志愿服务参与而获得较高的自我效能感时，就会进一步激发大学生的自我接纳和认同，从而产生更高的幸福感。”①

（三）职业教育融入地方资源协同共建实践基地

高职院校既要理解掌握国家文件的精神实质，又要与高职院校自身的情况结合来建设实践基地。高职院校既要服务于地方经济，又要与地方政府、企事业单位协同共建职业教育实践基地、社会调查定点观察基地、社区、军营、革命纪念馆等。以科学精神、工业文化、美丽中国、中华优秀传统文化、革命文化、社会主义先进文化、乡村振兴、党史新中国史教育

① 彭立平：《志愿服务参与对大学生主观幸福感的影响：自我效能感和自我认同的链式中介作用》，《中国临床心理学杂志》2022 年第 5 期。

等为专题，充分发挥资源优势来与地方协同共建实践基地，实践基地的建设需要充分挖掘地方资源。

高职院校与地方协同共建实践基地，高职院校定期或者不定期地到实践基地开展社会实践活动，使学生体悟金戈铁马、凿空中西、交流交融的豪迈；使学生体悟当地爱国主义事迹、英雄模范人物的坚韧不屈；使学生感受我国改革开放以来取得的巨大成就；使学生领悟到道阻且长、行则将至的伟大毅力与践行。

参考文献

孙时进、张海燕、陈增堂主编《心理健康教育理论与方法研究》，华东理工大学出版社，2010。

付喜凤：《心理疏导研究》，博士学位论文，武汉大学，2010。

肖旻婵：《中小学心理健康教育研究：中美比较研究》，博士学位论文，华东师范大学，2005。

崔景贵：《解读心理教育：多学科的视野》，博士学位论文，南京师范大学，2003。

肖庆生、谭世信、宋岩：《论高校德育视域中的心理疏导》，《国家教育行政学院学报》2013 年第 12 期。

王习胜：《“思想分析”基本问题论纲》，《安徽师范大学学报》（人文社会科学版）2013 年第 5 期。

刘捷：《社会焦虑心理的认知与疏导对策》，《福建论坛》（人文社会科学版）2013 年第 9 期。

诸葛福民、李淑娜：《基于心理疏导的大学生思想政治教育研究》，《思想教育研究》2013 年第 8 期。

闫军秀：《高校思想政治教育中的人文关怀和心理疏导研究》，《中国成人教育》2013 年第 15 期。

〔瑞士〕卡尔·古斯塔夫·荣格：《心理结构与心理动力学》，关群德译，国际文化出版公司，2011。

韦耀阳：《心理咨询技术与应用》，世界图书出版公司，2013。

邱鸿钟主编《咨询心理学》，广东高等教育出版社，2013。

王伟凯主编《生活哲学论》，天津社会科学院出版社，2013。

杨旭编著《社会工作实验教程》，北京大学出版社，2012。

〔美〕罗洛·梅：《焦虑的意义》，朱侃如译，广西师范大学出版社，

2010。

吴珂编著《情感教育》，中国社会科学出版社，2012。

董娅主编《当代思想政治教育方法发展新论》，中国社会科学出版社，2012。

〔瑞士〕卡尔·古斯塔夫·荣格：《寻求灵魂的现代人》，黄奇铭译，上海译文出版社，2016。

〔美〕乔治·赫伯特·米德：《心灵、自我和社会》，霍桂烜译，译林出版社，2012。

梁庆婷：《大众传媒的思想政治教育功能研究》，电子科技大学出版社，2012。

〔英〕吉尔伯特·赖尔：《心的概念》，徐大健译，商务印书馆，1992。

〔美〕安德鲁·J. 杜伯林：《领导力》，王垒译，中国市场出版社，2011。

〔美〕艾里希·弗洛姆：《爱的艺术》，李健鸣译，上海译文出版社，2011。

〔美〕卡伦·霍尼：《我们时代的神经症人格》，冯川译，译林出版社，2011。

〔美〕卡伦·霍尼：《我们内心的冲突》，王作虹译，译林出版社，2011。

〔英〕安东尼·吉登斯：《现代性的后果》，田禾译，译林出版社，2011。

〔美〕威廉·席崴克：《追寻生命的整全》，杨熙楠译，华东师范大学出版社，2011。

〔美〕桑特罗克：《心理学导论》，上海社会科学院出版社，2011。

胡凯：《心灵关怀的人文密码》，岳麓书社，2011。

丁峻：《情感演化论》，科学出版社，2010。

施铁如：《叙事心理学与叙事心理辅导》，广东高等教育出版社，2010。

〔美〕谢利·泰勒、利蒂希亚·安妮·佩普卢、截维·西尔斯：《社会心理学》，维丽娟、王森等译，上海人民出版社，2010。

〔美〕科里：《心理咨询与治疗的理论及实践》，谭晨译，中国轻工业出版社，2010。

附　录

高职院校学生职业教育现状调查问卷（测试版）

亲爱的老师、同学们：

您好！感谢您在百忙之中参与本次调查活动！本次调查旨在了解高职院校学生职业教育的基本情况，为高等职业院校学生职业教育工作提供事实依据，进而为提升高等职业院校学生职业教育工作的针对性、科学性和有效性提供客观依据。

1. 您的性别是？

○男

○女

2. 您的年级是：

○大一

○大二

○大三

○大四

3. 您平时通过哪些途径获取信息？（多选题）

○微信

○QQ

○微博

○抖音

○广播电视

○书籍

○课堂上老师的讲述

○身边的人

4. 您平均每天使用智能手机、互联网、社交媒介等媒介的时间是（单选题）

○<1 小时

○1~3 小时

○3~6 小时

○ > 6 小时

5. 您觉得抖音吸引人的原因是什么？（多选题）

○能够拍摄视频，记录生活

○可以消磨时间

○内容丰富，形式多样

○不知道下一个视频是什么，想继续看下去

○操作简单

○可以学习一些技能

○可以满足内心需求

○其他

6. 高职院校的实践教育有助于提高您的职业教育认识。

○非常认同　○比较认同　○不认同

7. 高职院校的校园文化氛围对您形成正确的价值观有积极作用。

○非常认同　○比较认同　○不认同

8. 您关注国家大事，积极参与学校组织的职业教育活动。

○非常认同　○比较认同　○不认同

9. 您认为人文教育与专业技能培训同样重要。

○非常认同　○比较认同　○不认同

10. 您认为学校应该提升教育的实践性。

○非常认同　○比较认同　○不认同

11. 高职院校的教师能够站在学生的角度，关注学生的成长。

○非常认同　○比较认同　○不认同

12. 您认为高职院校的职业教育内容与社会发展紧密相连。

○非常认同　○比较认同　○不认同

13. 高职院校的教育能帮助您形成正确的世界观、人生观和价值观。

○非常认同　○比较认同　○不认同

14. 您认为高职院校的教育与学生的实际需求密切相关。

○非常认同　　○比较认同　　○不认同

15. 高职院校的教育培养了您自觉遵纪守法的意识。

○非常认同　　○比较认同　　○不认同

16. 您认为高职院校的职业教育应该注重学生的个性发展。

○非常认同　　○比较认同　　○不认同

17. 高职院校的职业教育能够培养您具有创新精神和创造能力。

○非常认同　　○比较认同　　○不认同

18. 您认为高职院校的职业教育应该关注学生的心理健康问题。

○非常认同　　○比较认同　　○不认同

19. 您认为高职院校的职业教育应该注重与时俱进，适应社会发展。

○非常认同　　○比较认同　　○不认同

20. 高职院校的职业教育让您更加关注社会责任和道德规范。

○非常认同　　○比较认同　　○不认同

21. 您认为学校应该加强对学生职业教育成果的评价和反馈。

○非常认同　　○比较认同　　○不认同

22. 您认为高职院校的职业教育在培养社会主义核心价值观方面取得了显著成效。

○非常认同　　○比较认同　　○不认同

23. 高职院校的职业教育能够增强您对民族文化的认同感和自豪感。

○非常认同　　○比较认同　　○不认同

24. 您认为高职院校的职业教育应该注重践行和实践相结合。

○非常认同　　○比较认同　　○不认同

25. 您认为学校对职业教育育人和职业技能培养同等重视。

○非常认同　　B　　比较认同　　○不认同

26. 您认为职业教育存在的主要问题有哪些？（多选题）

○教学内容单一、缺乏创新

○教学方法单一、缺乏创新

○教学方式传统

○教育载体建设不足

○校园文化建设不足

○实践育人形式不丰富

○其他

27. 您认为学习的目的是？（至少选 2 项）

○未来工作需要

○社交需要

○自我提升需要

○其他

28. 您制定的学习计划能够按时执行，并顺利完成。

○非常认同　　B　　比较认同　　○不认同

29. 您会将所学的知识和现实情况相联系，并加以运用。

○非常认同　　B　　比较认同　　○不认同

30. 您知道自己该使用何种策略或方法去学习。

○非常认同　　B　　比较认同　　○不认同

31. 您认为自己的自主学习能力如何？

○很强

○较强

○一般

○较差

○差

32. 您认为自主学习中遇到的最大阻碍是？（多选题）

○知识内容难懂

○校园学习环境浮躁

○容易受手机或旁人的干扰

○时间不足或分配不合理

○难以有毅力长期坚持

○其他

图书在版编目(CIP)数据

职教学生心理研究 / 冯爱敏著. -- 北京 : 社会科学文献出版社, 2023.5

ISBN 978-7-5228-1967-9

Ⅰ. ①职… Ⅱ. ①冯… Ⅲ. ①心理健康-健康教育-研究 Ⅳ. ①G444

中国国家版本馆 CIP 数据核字 (2023) 第 106237 号

职教学生心理研究

著　　者 / 冯爱敏

出 版 人 / 王利民
责任编辑 / 岳梦夏
责任印制 / 王京美

出　　版 / 社会科学文献出版社 · 政法传媒分社 (010) 59367126
地址: 北京市北三环中路甲 29 号院华龙大厦　邮编: 100029
网址: www.ssap.com.cn
发　　行 / 社会科学文献出版社 (010) 59367028
印　　装 / 三河市东方印刷有限公司

规　　格 / 开 本: 787mm × 1092mm　1/16
印 张: 12.25　字 数: 202 千字
版　　次 / 2023 年 5 月第 1 版　2023 年 5 月第 1 次印刷
书　　号 / ISBN 978-7-5228-1967-9
定　　价 / 89.00 元

读者服务电话: 4008918866